장관호의 전남교육 독립선언

장관호의 전남교육 독립선언

추천의 말
참교육 자치 실현을 위한 그루터기

한봉철 목사 (전남교육회의 상임대표)

전남교육희망연대 상임대표와 전교조 전남지부장으로 만나 교육자치 실현이라는 목표 아래 동행하면서 참교육은 실천적 삶과 열정적 헌신을 통해서만이 만들어진다는 것을, 몸으로 보여주신 분이 장관호 선생님이셨습니다. 이 인연으로 『장관호의 전남교육 독립선언』의 추천사를 요청받았고, 이 한 권의 책 속에 그의 참교육에 대한 실천과 소망이 고백처럼 담겨 있었습니다.

성경은 인간의 욕망과 불의로 하나님께 반역의 역사로 멸망의 길을 걷고 있는 이스라엘을 향해 하나님은 어떤 상황에서도 흔들리지 않고 끝까지 믿음으로 굳게 서는 "그루터기"와 "남은 자"을 통해 정의와 평화의 새 세상을 다시 열어가겠다고 말하고 있습니다.

"그중에 십 분의 일이 아직 남아 있을지라도 이것도 황폐하게 될 것이나 밤나무와 상수리나무가 베임을 당하여도 그 그루터기는 남아 있는 것 같이 거룩한 씨가 이 땅의 그루터기니라 하시더라(이사야 6:13)

"내가 이스라엘 가운데에 칠천 명을 남기리니 다 바알에게 무릎을 꿇지 아니하고 다 바알에게 입 맞추지 아니한 자니라(열왕기상 19:18)

그루터기처럼 참교육 자치 실현을 위해 이 시대의 남은 자가 바로 장관호 선생님이라 생각했습니다. 암울함이 깊어질수록 어둠을 비춰줄 촛불이 필요합니다. 더 나아가 "어두움을 탓하기보다 한 자루의 촛불이 되거나 켜는 일"이 참교육 실현의 실천적 삶일 것입니다.

"학교는 한 사회의 변화와 희망의 진원지이며 마지막 보루이기도 하다. 학교 구성원들이 숨을 쉬고 삶을 가꾸는 보금자리, 관계 회복의 진원지가 돼야 미래 사회에 희망이 있다고 할 수 있을 것이다. …… 그런 학교를 꿈꾸고 현실에서 실현하고자 하는 의지를 모으는 디딤돌이 된다면 더 이상 바랄 것이 없겠다."

신념은 산을 움직이게 하고, 자신에게 무한한 힘을 공급하여 소망하는 것을 실현시켜 주고, 믿음과 신념이 쌓이게 되면, 그것이 행동으로 이어지는 하나의 법칙처럼 된다고 했습니다.

『장관호의 전남교육 독립선언』의 출판을 진심으로 축하드리며, 참교육 자치 실현을 위해 오늘도 교육 현장에서 헌신하시는 분들에게 "자연과 공동체가 살아 있는 전남에서 협력과 연대의 교육, 모든 아이가 빛나는 교육을 위해 응원봉을 들기 위해" 감히 일독을 추천드립니다.

추천의 말
"전남교육독립선언!"에 부쳐

존경하는 장관호 동지의 새 출발을 축하드리며

조창익 (전 전국교직원노동조합 위원장)

"향연(饗宴)"
「군중이 모이면 뜻대로 되는 것이니/대중의 뜻이 모이면 하늘을 움직이는 것이니/고개 들어 깃발 숲속을 바라다보아라/능히 새 하늘을 볼 꿈 꿀 수 있지 않은가?/오늘 새벽 천리를 달려왔다네/지난 수십 년 세월 되돌아보세나/대지에 새싹 돋아나듯/개벽 후천의 세상에 당도할 걸세/생과 사 넘고 넘어 묵묵히 걷다 보면/우리의 뜻 면면히 이어지고 이어질지니/지금 권세가들 주둥아리에는/해가 갈수록 민초들의 기름과 피로 가득하지/제 몸 불살라 세상 변화 꿈꾸는 바/어찌 이 지긋지긋한 전쟁 끝나지 않겠는가?

饗宴

群集則如意/衆志則動天/擧頭望旗林/能夢觀新天/今曉走千里/回顧數十年/草芽生大地/到開闢後天/超生死黙步/我志續綿綿/只今權勢口/滿膏血年年/焚身欲革變/何不能終戰)」

2015년 3월 28일, 장관호 동지와 함께 참석한 '연금개악 저지 전국 공무원·교사결의대회'에 다녀와 남긴 나의 일기문이다. 박근혜 치하, 분단 현실 속 자본독재와 계급지배에 짓이겨진 노동자 민중의 처참한 삶을 변혁하기 위하여 교육 해방, 노동 해방, 인간 해방 투쟁의 길에 선 사람들의 핏발선 눈동자가 선연했던 나날들, 그 한복판에 서서 늘 새로운 세상을 꿈꾸는 사람으로 나는 장관호 동지를 생각한다. 2천 년대 초반, 방사성 폐기물 저장 시설 건설 반대 투쟁이 거셌던 부안의 어느 아스팔트 거리 투쟁에서 내 옆에 앉아 팔뚝질하던 눈빛이 형형한 젊은 동지가 내 기억 속에 또렷하게 남아있다. 민주노총 광주전남본부 조직부장으로 활동한 바 있던 장관호 동지다. 민주의 제단 위에 바쳐진 열사들과 숱한 동지들의 희생과 헌신으로 운동의 공간이 열렸지만 아직도 어두운 죽음의 시대, 치열한 학생운동과 현장투신, 갖은 고초 속에서도 노동, 교육 현장의 희망을 일구기 위하여 최선을 다해왔던 장관호 동지의 모습이 눈에 아른거린다.

법외노조 시기, 2015-16년간 필자가 전남지부장으로 일할 때, 장관호 동지가 지부 정책실장으로서, 정책의 생산과 기획의 중심에 서서 조직의 두뇌 역할을 수행하였다. 이미 본부 정책실장으로 소임을 수행한 바 있기에 보다 밀도있게 지부와 현장의 현안에 대응해나갈 수 있었다. 법외노조 투쟁을 중심으로 전국 투쟁을 전개하고, 지역 현안에 있어서는, 전남교육청공무원노동조합과 지방채 발행, 정원감축 대응투쟁, 연대강화 방안과 공동행동 조직화를 논의하고, 학교비정규직노조-교육청노조-전교조 등 3단체 합동연석회의를 조직하여 제반 현안에 대응하자고 제안한 것도 장관호 동지였다. 연금 대응에 있어서는 교총과도 연대하여 공동투쟁을 전개하기도 하였다. 어느 특정한 도그마에 갇히지 아니하고 폭넓은 보폭, 유연한 운동으로 강력한 힘을 지향하는 운동관, 이것이 장관호 동지의 장점이었다.

교육노동운동의 한복판에서 최선을 다해 한 삶을 바친 장관호 동지가 지난 시기 삶을 정리하여 책으로 담는다. 참 반가운 일이 아닐 수 없다. 장관호 동지의 '전남교육독립선언'은 새로운 교육을 향한 청사진이자 새로운 세상을 향한 당찬 포부이다. 장관호 동지는 그가 언젠가 내게 말했던 사회변혁의 길을 잊지 아니하고 묵묵히 걸어갈 것임을 믿는다. 그의 교육해방, 노동해방, 인간해방 투쟁의 장도에 한없는 박수와 응원을 보낸다.

책을 펴내며
모든 아이들이 빛나는 전남교육

　살아온 삶의 여정을 기록하는 일이 쉽지 않았다.
　대부분의 사람들은 살면서 관계 맺었던 사람들의 기억 속에 남아 한 생을 마무리 짓는다.
　나 또한 그렇게 마무리되는 것이 당연하다 생각하고 살았는데, 최근 몇 년 사이에 여러 곡절이 쌓여 나의 삶과 생각, 앞으로 가야 할 길에 관한 이야기를 기록하게 되었다. 이 어려운 일을 해내게 도와준 모든 분께 감사드린다. 막상 글을 마치고 보니 주변 사람들에게 한번은 꼭 해보시라고 권하고 싶은 일이 되었다. 특별한 계기가 없더라도 자기 삶을 기록하고 공유하는 것은 자신에게도 우리 공동체에도 많은 보탬이 되는 일인 것 같다.
　얼굴이 뻘게지도록 쑥스러운 이야기도 있고 한 시대를 치열하게 살아왔던 흔적도 있다. 부족한 면을 배우고 채우면서 성장하는 나 자신을 발견하기도 하였다. 하지만 아직 못다 한 과제가 더 많이, 길게 펼쳐져 있다.

대통령 탄핵이 진행되고 있는 현재, 우리는 다시 어떤 사회로 나아갈 것인가를 밝혀야 하는 과제에 직면해 있다. 입신양명을 위한 무한경쟁의 6공화국에서 학생도 교사도 학부모도 숨을 쉴 수 없는 교육체제를 경험하였다. 다시 반복할 것인가? 아니면 새로운 길을 열 것인가? 중요한 갈림길에 서 있다.

지금의 시대는 복합적인 위기가 중첩되어 있다. 가장 풍요로우면서도 가장 불평등한 사회, 기후 위기로 모든 생명이 위협받고, 다음 세대를 연결하지 못하는 지역이 늘어나고, AI가 등장하여 혼란과 위기가 중층적으로 작동하는 시대이다. 이 여파는 우리 아이들에게 그대로 전달될 것이다.

"앞으로 인류는 생존이 위협되지 않는 사회, 기본소득이 보장되는 기본사회로 나아갈 것이다" 독일 철학자 리하르트 프레히트 주장이 한국 사회에 적용되려면 사회개혁과 교육개혁이 상승 작용하지 않으면 안 된다.

지금까지 어떤 정부도 교육개혁을 위한 전 사회적 합의를 이끌어내지 못하였다. 그 원인으로는 권력자의 의지 부족도 있겠지만 교육 기득권을 극복할 수 있는 교육개혁 역량이 충분하지 않은 것이 더 큰 이유다.

전남에서 교육개혁의 역량을 결집하여 한 번도 제대로 못 한, 한국 사회 교육개혁의 물꼬를 터보자는 의미로 책 제목을 '전남교육 독립선언'으로 명명하였다.

우리에게는 무상교육, 혁신교육, 민주시민교육으로 시대의 흐름을 바꿨던 진보교육 역량이 있다. 어두운 밤 별과 같이 등장한 응원봉처럼 민주주의를 지키는 시민 역량이 있다. 세계적 흐름인 협력과 연대의 교육이 있다.

자연과 공동체가 살아 있는 전남에서 협력과 연대의 교육, 모든 아이가 빛나는 교육을 위해 응원봉을 높이 들어보자.

책 '전남교육 독립선언'은 모두 3부로 구성됐다.
제1부 '지나온 길'은 나의 유년기부터 교직에 몸담기까지의 과정을 담았다.

평범한 가정에서 태어나 광주에서 초·중·고등학교를 졸업하고 전남대 사범대 물리교육과에서 학생운동의 길을 걷기까지, 그리고 민주노총에서 활동하는 동안 기억에 남는 순간들을 형식에 구애됨 없이 소개했다.

특히 중학생 때 직접 눈으로 본 5·18광주민주화운동이 나의 인생에 직·간접적으로 미친 영향이 적지 않다. 아버지와 함께 옛 전남도청에 갔다가 목도한 주검들은 잘못된 역사 앞에서 우리가 어떻게 살아가야 하는지를 생생히 보여주고 있었다.

제2부 '함께 걷는 길'은 학교 현장에서 학생들과 함께 부대끼면서 다른 한편으로 교육의 현안을 해결하기 위해 나섰던 전교조 활동을 소개했다.
제1장에서는 영광여자중학교에서부터 영광대마중학교, 목포청호중학교를 거쳐 남악 오룡중학교까지의 교사 생활과 학부모, 학생들의 이

야기를 담았다. 기대와 우려가 교차했던 영광여중으로의 첫 출근, 학부모님과의 소중한 만남, 텃밭가꾸기, 코로나19를 통해 배운 교훈 등 잊을 수 없는 시간들이 너무 많다.

혁신학교 이야기는 특히 의미가 있다. 학교문화 혁신을 위한 교사들의 헌신은 물론이고 학생들과 학부모님들의 노력 없이는 성과를 맺을 수 없었을 것이다.

2장에서는 전교조와의 인연, 전교조 활동 중 겪었던 에피소드, 영어교육 붐, 전교조 전남지부 정책실장 시절의 활동, 전교조 중앙 정책실장 때 이주호 장관과의 만남 등을 담았다.

전교조 활동에서 가장 큰 방점은 전남지부장 재직 기간이 될 것이다. 교권 보호 문제, 전문적 학습공동체, 참교육 실천대회 등 진정한 교육 자치 실현을 위해 노력하면서 많은 것들을 배우기도 한 의미 있는 기간이었다.

제3부 '나아갈 길'은 대담이다.

제1장에서는 김승환 전 전북교육감과 '진보교육감 12년'에 대한 이야기를 나눴다. 12년 동안 교육감으로 활동하며 기억에 남는 일과 아쉬운 점을 들어봤다. 나의 혁신학교 추진 사례 등 각종 교육 현안들을 나누며 우리 교육의 희망을 함께 찾아봤다.

제2장에서는 한만중 전 서울시교육청 정책기획관과 '한국 교육의 길을 묻다'를 주제로 대화를 나눴다. 윤석열 대통령 탄핵 정국, 새로운 정부의 과제, 혁신학교의 평가, 지난 정부의 교육 평가와 시대적 과제 등을 두루 짚어봤다.

학교는 한 사회의 변화와 희망의 진원지이며 마지막 보루이기도 하다. 학교 구성원들이 숨을 쉬고 삶을 가꾸는 보금자리, 관계 회복의 진원지가 돼야 미래 사회에 희망이 있다고 할 수 있을 것이다.

책 '전남교육 독립선언'이 그런 학교를 꿈꾸고 실현하려는 의지를 모으는 데에 디딤돌이 된다면 더 이상 바랄 것이 없겠다.

책이 나오기까지 많은 분들이 도움을 주셨다. 부족한 글을 읽고 흔쾌히 추천의 글을 써주신 분들께 지면을 빌려 큰절 올린다.

교육 현안과 관련해 오랜 시간 동안 지혜를 나눠주신 김승환 전 전북도교육감, 한만중 전 서울시교육청 정책기획관께도 감사드린다.

가족 이야기가 나오면 미안함이 앞선다. 늘 부족하고 미흡하다는 사실을 알면서도 행동이 따르지 못했다. 말로는 채울 수 없는 감사와 사랑을 책에 담는다.

책의 주인공이 된 많은 학생들과 학부모, 교사들을 빼놓을 수 없다. 오늘 소중한 땀과 눈물로 우리 사회의 건강한 길을 열어가는 모든 분들께 박수와 함께 고개를 숙인다.

2025년 1월 전남 무안에서 장관호

차례

추천의 말　한봉철 _목사·전남교육회의 상임대표
　　　　　조창익 _전 전국교직원노동조합 위원장
　　　　　문예준 _해룡고 1학년 (오룡중 전 학생회장)
　　　　　조현영 _오룡중학교 학부모회장
　　　　　김은화 _참교육학부모회 전남지부장

책을 펴내며　모든 아이들이 빛나는 전남교육

제1부 지나온 길

- 24　1980년 5월 그날의 기억
- 26　계엄군에게 희생된 주검을 보다
- 28　집안 가훈은 '자력갱생'
- 31　호기심과 장난기 가득했던 유년기
- 33　그날의 기억은 트라우마가 되고
- 36　우리의 소원은 통일
- 39　청산이 소리쳐 부르거든
- 42　대의원을 맡아 활동하다
- 45　농활에서 돼지 축사에 빠진 날
- 47　본격적인 학생운동의 길로
- 50　"우리 관호 어떻게 된다냐?"

52 물리교육과 학생회장을 맡다
54 국립대 최초 대학자치선언 발표
56 군 전역 후 수배, 그리고 노동운동으로
58 새로운 인생의 전환점을 맞다
60 평생의 반려자를 만나다
62 폭설 속에 치러진 결혼식

제2부 함께 걷는 길

제1장 행복한 7교시

70 영광여자중학교로의 첫 출근
72 두 개의 세상을 살다
75 "우리는 선생님만 믿습니다"
78 학생들과 함께 성장한 3년
81 담탱이들의 소망
83 학생들 기 살리는 텃밭 가꾸기
87 작은 공동체 교육의 효과
89 혁신학교 교무부장을 맡다
91 민주적인 학교문화 혁신
94 스스로 성장하는 학생 프로젝트
95 청호학부모회 '늘품회' 활동
98 '학부모 3R's 멘토링'의 효과

100 화이트 해커의 꿈을 지원하다
103 학생 보호는 지역사회가 나서야
106 수업 혁신, 배움의 공동체
108 숨 쉬는 학교가 교육의 질을 담보한다
111 교사의 헌신적 희생이 없다면
114 학생부는 학생들을 지원하는 곳
116 코로나19 이후 학교 풍경
118 비대면 교육의 득과 실
120 학교 현주소 돌아보는 계기로
122 "선생님 친구가 절 괴롭혀요"
125 학교폭력에 대응하는 자세
127 사제동행을 이어가다

제2장 내 곁에 전교조

132 전국교직원노동조합과의 인연
134 영광여중서 시작된 전교조 활동
136 방학 기간 소파를 바꾼 사연
138 "내 돈을 돌려받게 해주세요"
140 '나이스 도입' 정부와 대립하다
142 교원능력개발평가제도 관련 논란
144 교사 근무 여건을 개선하고
146 "라면만 먹고 일하면 되겠습니까?"
150 경쟁 중심 교육에서 협력 교육으로
153 이주호 교육부장관을 만나고

154 '어린지'가 불러 온 영어교육 붐
156 전남지부장 출마를 결심하다
161 그렇게 출사표는 던졌는데…
167 교권 보호 문제 해결에 나서고
169 교사 자존감 높이는 전문적 학습공동체
171 진정한 교육자치 실현을 위해
174 전남교육민주노조협의회 결성
176 참교육실천대회의 참 의미
179 교원정원 감축 문제 협의
182 따뜻한 밥 한 끼가 힘이더라
185 학급당 학생 수가 교육의 질을 가른다
186 누구나 색색으로 빛나는 교육
189 여름학기제를 운영한다면

제3부 나아갈 길-대담

194 제1장 사람이 사람을 남기는 교육이야기
　　　김승환 전 전북교육감

224 제2장 한국 교육의 길을 묻다
　　　한만중 전 서울시교육청 정책기획관

누나가 '청산이 소리쳐 부르거든'을 부르는 동안 나는 가만히 듣고만 있었다.

가사 하나 멜로디 하나가 가슴 속에 깊숙이 박혔다.

기나긴 죽음의 시절 꿈도 없이 누웠다가….

누나가 나를 이끈 곳은 전남대 상대 뒤쪽에 있는 한 주점이었다.

전남대 사범대 신입생이 된 동생을 축하하며 막걸리 몇 순배가 돌았다.

술은 사양하지 않고 마셨지만 취하지는 않았다.

그렇게 대학생활이 시작되었다.

1부_지나온 길

1980년 5월 그날의 기억

계엄군에게 희생된 주검을 보다

집안 가훈은 '자력갱생'

호기심과 장난기 가득했던 유년기

그날의 기억은 트라우마가 되고

우리의 소원은 통일

청산이 소리쳐 부르거든

대의원을 맡아 활동하다

농활에서 돼지 축사에 빠진 날

본격적인 학생운동의 길로

"우리 관호 어떻게 된다냐?"

물리교육과 학생회장을 맡다

국립대 최초 대학자치선언 발표

군 전역 후 수배, 그리고 노동운동으로

새로운 인생의 전환점을 맞다

평생의 반려자를 만나다

폭설 속에 치러진 결혼식

1980년 5월 그날의 기억

무등중학교 1학년이었다. 아직까지 초등학생 티를 채 벗어던지지 못했던 5월의 어느 날이었다.

아침 등교 풍경은 여느 때와 다르지 않았다. 무거운 눈꺼풀을 올려 대충 고양이 세수를 한 후에는 아침밥을 먹는 둥 마는 둥 했을 테고 책가방도 주섬주섬 챙겨 집을 나섰을 것이다. 전날 숙제는 했는지 아예 까먹었는지, 괴발개발 대충 얼버무렸는지 모른다.

집 근처에서 탄 12번 시내버스는 시내 곳곳을 한참 돌아서야 학교에 도착할 수 있었다. 풍향동에서 산수오거리를 거쳐 옛 광주시청에 정차한 후 광주역과 공용터미널, 시내의 양영학원과 전남도청, 학동을 지나서야 학교에 도착하는 코스였다.

그날따라 버스 안은 평소와 달리 조금 술렁였다. 손님은 만원이 아니었는데도 무거운 공기가 버스 내부를 가득 채웠고 어른들의 표정은 어딘가 불안해 보였다. 누군가는 고개를 자꾸 기웃거리며 바깥 풍경에 신경을 쓰기도 했다.

어른들의 무거운 표정을 이해하는 데에는 오래 걸리지 않았다. 버스는 전남도청 인근을 지날 무렵 정해진 정차 구간이 아닌데도 갑자기 멈춰 섰다. 버스 안에 있던 손님들은 웅성거리기 시작했고 바깥 상황을 주시했다. 주변 사람의 시선을 따라 바깥을 내다보니 머리끝이 쭈뼛 서는 느낌이었다.

바깥에서는 시위대와 군인들이 일촉즉발로 대치하고 있었다. 시위대와 군인은 당장이라도 격렬한 싸움을 벌일 기세였다. 양측의 살벌한 기

운을 보자 저절로 주눅이 들면서 소름이 돋았다. 머릿속은 하얘졌다. 만화나 영화 속에서 보았던 잔혹한 싸움이나 전쟁이 눈앞에서 펼쳐지는 것은 아닌가, 하는 생각에 무섬증이 엄습했다.

그때였다. 시위대 쪽에서 누군가 크게 외치는 소리가 들렸다.

"버스 안에 학생들과 아이들이 타고 있으니 멈춰라."

"….."

"우리도 차가 지날 때까지 행동하지 않고 기다리겠다."

시위대의 외침에 따라 양측이 잠시 물러서기 시작했다. 버스는 그 틈을 비집고 조금씩 움직이더니 동명동을 지나 공용터미널 방향으로 빠져나갔다. 버스는 현장을 벗어났지만 차 내부의 승객들은 한동안 아무런 말도 하지 못했다.

"오매 큰일이 나부렀는가 보네."

"학생들 얼릉 집으로 가소."

어른들은 하얗게 질린 표정으로 서로 대화를 주고받거나 학생들에게 집으로 가는 것이 좋겠다고 말했다.

"우리도 저기로 가야 하지 않을까?"

"그래. 함께 가보자."

고등학생으로 보이는 형들이 대화를 나누더니 버스에서 내린 후 곧장 도청 방향으로 뛰어가는 모습이 보였다.

나는 그때까지 아무것도 몰랐다.

계엄군에게 희생된 주검을 보다

혼란스럽고 공포스러운 시간은 너무도 길었다. 텔레비전이나 라디오에서는 연일 '폭도'나 '불순분자' 등의 무서운 단어들이 등장했고 정치인들도 잇따라 구속되거나 구금됐다는 등의 소식이 전해지고 있었다.

계엄군이 물러났다는 이야기가 나온 것은 악몽 같았던 며칠이 지난 후였다. 나중에 안 사실이지만 계엄군의 일시적인 후퇴로 '해방 광주'가 된 시기였다.

어느 날 아버지는 나의 손을 붙잡고 풍향동 집을 나서더니 산수오거리와 동명동을 거쳐 전남도청까지 걸어가셨다. 당시 아버지는 영광 백수중학교의 행정실에 근무 중이셨는데 5·18 광주민주화운동으로 인해 며칠 동안 출근하지 못한 학교를 찾아갈 방안이 없는지 알아보려는 의도셨다. 만일 계엄군이라도 맞닥뜨릴 경우 어린 아들이 함께 동행하고 있다면 경계심을 푸는 데 도움이 될 것이라는 판단이셨던 듯하다.

얼마 전, 당시 20살이었던 형님이 겪었던 일은 아버지가 집 밖을 나서는 데 중요한 행동 요령이 됐다.

형님은 사촌누나와 함께 볼일이 있어 시내를 나갔다고 한다. 시내에서 일을 마치고 택시를 타려는 때에 하필 계엄군의 눈에 띈 모양이었다.

"당신 뭐야? 이리 따라와!"

계엄군은 눈을 무섭게 부릅뜨더니 형님의 목덜미를 쥐려고 했다.

"아니, 왜 이러는 겁니까? 내가 무슨 잘못이 있다고…."

"잔말 말고 따라와. 가 보면 알겠지."

형님은 눈앞이 캄캄해지며 무엇인가 잘못되고 있다는 것을 알았다.

계엄군에게 어설픈 반발을 해봤지만 총 앞에서는 너무도 무력할 수밖에 없었다.

"아, 여보 왜 그래? 무슨 일이야?"

그때 사촌누나가 기지를 발휘해 형님의 팔을 붙잡으며 끼어들었다.

"응?, 으응. 여기 군인이…."

"무슨 일인 데 그러세요. 우린 신혼부부인데 잘못한 일 없거든요."

"…."

잠시 의심하는 눈초리를 보이던 계엄군은 사촌누나의 천연덕스런 연기에 속아 형님을 놓아주었다. 형님의 사연을 들은 가족은 '하마터면 큰일 날 뻔했다'며 가슴을 쓸어내렸다. 군인이 총을 쏴서 많은 사람이 죽고, 크게 다쳤다는 소문이 무성한 상황이었다.

아버지와 손을 잡고 집에서 꽤 멀리까지 걸어갔지만 별다른 소득은 없었다. 아버지는 광주에서 다른 지역으로 갈 수 있는 길이 끊겨 학교를 갈 방법이 없다는 사실을 알고 발길을 돌렸다.

아버지와 함께 돌아오는 길에 들른 곳은 전남도청 앞이었다.

도청 앞에서는 많은 사람들이 모여 있었다.

누군가 마이크를 붙잡고 큰 소리로 끊임없이 외쳐댔고 참가 시민들은 박수를 치며 적극 호응했다. 애국가가 흘러나올 때는 그 어느 때보다 경건함과 굳건한 의지가 묻어났다.

아버지는 나의 손을 이끌어 상무관으로 향했다. 그곳에 계엄군에게 희생된 주검들이 모여 있다는 이야기를 들은 후였다.

상무관에 도착한 나는 무릎이 꺾이며 우두망찰 굳어버리고 말았다. 눈앞에는 현실이라고 믿을 수조차 없는 일들이 펼쳐져 있었다. 내부에는 태극기가 덮인 관들이 줄지어 있었고 몇 곳에서는 어르신들이 통곡을 하고 있는 모습이 보였다. 졸지에 자식을 잃고 남편을 잃은 가족들은 발을 동동 구르며 어찌할 바를 몰라 하고 있었다.

"아이고, ○○야 귀한 내…. 나를 두고 가믄…."

한 어머니가 관을 끌어안고 애끊는 소리를 냈다. 너무도 슬픔에 겹다 보니 울음소리도 제대로 나오지 않는 모양이었다.

아버지의 얼굴을 볼 겨를조차 없었다. 나도 모르게 주르륵, 눈물이 흘렀다. 나는 더 이상 현장을 지켜볼 자신이 없어 얼른 자리를 옮기자는 의미로 아버지의 손을 흔들었다.

현장을 떠난 후에도 가족들의 울음소리는 오랫동안, 아주 오랫동안 가슴을 두드렸다.

"시민 여러분, 애국 광주시민 여러분 도와주십시오."

"시민 여러분 계엄군이 곧 쳐들어옵니다. 도청으로 모여주십시오."

한밤중에 들려오던 어떤 여자분의 외침 소리에 밤새 무서워 떨었던 기억도 아직까지 생생하다.

하지만 나는 그때까지 아무것도 몰랐다.

집안 가훈은 '자력갱생'

아버지는 담양군 무정면이 고향이시다. 할아버지와 큰아버지가 일찍 돌아가시는 바람에 할머니, 큰어머니와 함께 지내며 경제적으로 어려움을 겪으셨다고 한다.

어머니는 장성군 진원면에서 큰 딸로 태어났다. 당시는 배우자의 얼굴 한 번 제대로 보지 못한 채 양가의 합의만으로 혼사가 이뤄지던 때였다. 아버지와 어머니도 마찬가지셨다.

부모님은 담양 무정면에서 결혼생활을 시작했다. 그곳에서 형님과 누나를 낳았고 아버지는 군대를 가셨다가 둘째 누나 출산을 계기로 전역했다.

그때 주위의 한 친척이 아버지에게 "더 늦기 전에 공부를 해봐라"며 권유했다고 한다. 아버지는 그 조언에 따라 현재 송원고의 전신인 숙문

고를 다녔고 졸업 후 광주 계림초등학교 행정실에 취업했다. 아버지와 학교 행정실의 인연이 시작된 셈이다. 아버지는 계림초등학교 이후 전남 화순, 해남, 영광, 광주 광산 등지를 돌며 근무하셨고 광주 백운초등학교에서 정년을 맞이하셨다.

아버지의 행정실 근무는 외삼촌에게도 영향을 미쳤다. 글씨를 반듯하게 잘 썼던 외삼촌은 아버지가 적극 추천하면서 학교 행정실로 취업의 문을 열 수 있었다.

우리 집 가훈은 우습게도 '자력갱생'이었다. '근면 성실', '정직하게 살자', '가화만사성'처럼 흔하고 일반적인 가훈이 아니었다. 경제적인

어려움을 몸소 체험하신 영향이 큰 탓이었는지 '오직 자신의 힘만으로 어려움을 이기고 새로운 삶을 개척하라'는 뜻을 강조하신 것이다.

아버지는 자존심이 강하신 분이었다. 가정형편이 어려워도 주위 사람에게 손을 벌릴 줄 몰랐고 설령 누군가 도움을 주겠다고 하더라도 손사래를 치기 일쑤였다. 그러다 보니 '자기 삶은 스스로 개척해야 한다'는 신념이 자연스럽게 생긴 게 아닌가 싶다.

아버지는 우리 2남 3녀 5남매를 대학교까지는 책임지겠다는 의지를 보였고 넉넉지 않은 가정형편에도 불구하고 이를 실천하셨다. '너희들이 사회에 나가서 혼자서도 살 수 있는 최소한의 기반은 만들어 주겠다'는 생각을 지니셨던 것 같다.

어머니는 작은 몸피지만 큰딸로 자란 탓인지 생활력이 강하고 책임감이 높은 이른바 '여장부'였다. 아버지가 해야 할 일을 실천하지 못하거나 머뭇거리고 있을 때는 등을 떠밀기도 하고 과감하게 대신 나서기도 하셨다. 아버지가 승진해야 할 시기가 한참 지났음에도 제자리에 머물러 있을 때 직접 윗분을 찾아가 "우리 남편이 진작 승진할 차례가 지났는데 이번에는 될 수 있도록 좀 도와주십시오"라고 말할 용기를 가진 분이었다.

집안 분위기는 엄한 편이 아니었다. 형님과 두 누나, 그리고 여동생을 포함한 우리 다섯 남매는 부모님께 매를 맞거나 하는 일 없이 대체로 자유로운 환경 속에서 자랐다. 특별히 공부를 열심히 하라고 강조하신 적도 없었다. 아이들이 재미있게 놀고 화목하면 그것으로 충분하다는 생각을 지닌 것으로 안다.

내가 대학교 1학년 때는 누나 둘을 포함해 무려 세 명이 대학 재학 중이었다. 작은누나는 간호대학에 다녔고 큰누나와 나는 사범대에 다니며 교사의 꿈을 키웠다.

　짐작만 할 뿐이었지만 부모님께서 무척 힘든 기간이지 않았을까 싶다. 아버님의 월급만으로 아이들을 가르치려니 경제적으로 어려웠을 테고 제대로 된 우리 집을 가져본 적도 없었다. 내가 중학생 때 집을 한 번 샀는데 얼마 후 다시 팔고 나왔던 기억이 있다. 우리가 다시 집을 산 것은 아버지가 정년퇴직한 후였다.

호기심과 장난기 가득했던 유년기

　다섯 살 때였다. 엄마가 집에서 여동생을 출산하는 날이었다. 광주 계림초등학교 후문 앞에서 누나들과 놀다가 오토바이에 부딪히는 사고가 발생했다.

　동네에서 함께 놀던 누나들이 새로운 놀이를 위해 집에 있는 장난감을 가져오라고 심부름을 시킨 것이 원인이었다. 누나들이 원하는 일을 할 수 있다는 것이 마냥 신났던지 방방 뛰어가다가 사고가 났다. 집에서 장난감을 들고 나오는 길이었는지, 가지러 가는 길이었는지는 명확히 기억나지 않는다. 오토바이 경적이 울렸는지, 울리지 않았는지도 모르겠다.

　어느 순간 무엇인가 묵직한 것에 부딪히면서 중심을 잃고 쓰러졌고 잠시 아무런 생각이 들지 않았다. 누나들의 이야기에 따르면 오토바이가 나를 두 번이나 지나갔다고 하는 데 정확한 상황은 알 수가 없다.

다행스러운 점은 다친 곳이 전혀 없었다는 것이다. 오토바이로 인한 충격이 적지 않았음에도 병원 검진 결과 별다른 이상은 발견되지 않았다.

"오메, 딸랑이 낳고 아들 큰일 날뻔했네."

"그랑께. 토끼가 용궁 갔다 왔어."

집안 어르신들은 안도의 숨을 내쉬며 나를 만지작거렸다. 누나들은 본의 아니게 '죄인 아닌 죄인'이 되어 눈치만 보고 있었다.

나는 대체로 얌전하고 순하게 자랐던 모양이다. 어머니는 "관호는 어디다 놔두더라도 여기 있어라~ 하면 내가 다시 올 때까지 그 자리에 가만히 서 있었다"고 입버릇처럼 말씀하셨다.

그렇다고 유년의 호기심이나 장난기까지 없었던 것은 아니다. 어렸을 적 광주에서 흔히 볼 수 있던 풍경 중에 우마차가 있었다. 사람들이 말을 기르며 무거운 짐을 옮기는 것은 일상적인 모습이기도 했다.

말이 기둥에 묶여 있는 모습을 보고 친구들과 슬슬 장난기가 발동하기 시작했다. 누가 말의 꼬리를 제대로 잡는지 시합을 벌인 것이다. 헛된 만용에 불과한 것이지만 당시에는 무슨 시합을 하면 친구에게 지기 싫은 묘한 경쟁심이 일었다.

한 명, 두 명 친구들이 말꼬리를 슬쩍 만지고 "만세"를 외치자 나 역시 뒤질 수 없다는 판단이 섰다. 하지만 말이 계속되는 장난에 신경이 날카로워졌을 거라는 생각을 하지 못한 게 화근이었다. 슬금슬금 말에게 다가선 후 꼬리를 잡으려는 순간, 녀석의 뒷발질에 보기 좋게 차이고 말았다. 녀석의 발은 정통으로 내 이마에 적중했고 한참이나 머리에 통증이 느껴졌다. 그렇다고 아픈 내색을 할 수는 없었다. 고소하다며 놀리며 웃는 친구들 앞에 고통스런 표정을 짓는다면 녀석들은 더욱 신이 날 것이기 때문이었다.

오징어 게임이며 자치기, 연날리기, 구슬치기…. 나의 유년기는 개구쟁이 다른 친구들과 다를 게 없었다.

그날의 기억은 트라우마가 되고

중학교 시절의 기억은 5·18때 겪었던 일이 가장 크게 남아 있다. 그날 아버지와 전남도청을 방문하고 현장에서 본 모습은 마치 어제의 일처럼 선명하기까지 하다.

5·18광주민주화운동 이후 우리 집은 풍향동에서 전남대 후문 인근으로 이사를 가게 됐다. 개인적으로는 친구들과 단절되면서 또래 집단과 소통에 어려움을 겪었다. 학교 수업이 끝나도 함께 어울릴 친구가 없다 보니 외톨이가 된 심정이었다.

또래 집단은 정체성 형성에 많은 영향을 주고 사회적 관계 형성에도 보탬을 주기도 한다. 친구와 동료들과 관계를 통해 신뢰와 이해를 쌓을 수 있기 때문이다. 정서적인 측면도 간과할 수 없다. 어려움이나 힘든 일이 있을 때 친구들과 소통하면 공감대를 형성하고 위로를 받는다. 친구가 없다는 것은 정서적인 안정이나 정체성 형성에 부정적인 영향을 미칠 수 있다는 의미이기도 했다.

어머니가 크게 아프신 일도 친구들과 멀어진 이유가 됐다. 심장이 안 좋으셨던 탓에 종합 병원 응급실을 찾은 적도 있고 한동안 온 가족이 어머니만 지켜보며 애를 태워야 했다.

중학교 3학년 때는 소영웅주의의 허세가 높았던 시기였다. 태권도를 배우고 있다는 게 더욱 기세등등해진 이유인지도 모른다. 태권도는 집 앞에 사시던 관장님이 운동을 해보라고 권유하면서 시작한 일이었다. 기마자세에서 정권 지르기와 발차기를 하고 태극 1장부터 품새를 배우는 시간이 흥미진진했다.

어느 날 학교에서 반장과 이른바 껄렁껄렁한 녀석 사이에 갈등이 있었던 모양이었다.

혈기 왕성하고 시답지 않은 자존심이 강하던 시기여서 교실에서는 친구들 간에 크고 작은 다툼이 잇따랐고 장소로는 학교 동산이 주로 이용됐다.

"깨끗하게 한 판 붙자."

"좋다. 붙자."

반장과 껄렁한 녀석은 동산에서 만나기로 합의했다. 둘은 곧바로 주먹다짐을 벌였고 반장이 휘두르는 손에 녀석의 얼굴이 맞고 말았다. 껄렁한 녀석은 몹시 자존심이 상했던 모양이었다. 옆에 있던 유리병을 깨서 당장이라도 찌를 듯 반장을 위협하기 시작했다.

무슨 호기였는지 모른다. 내가 불쑥 나선 것이다.

"야! 뭐 하는 짓이냐?"

"넌 뭐야 임마, 넌 빠져."

"야! 싸우려면 당당히 싸워야지 쪼잔하게 이게 뭐냐 자식아?"

"넌 빠져, 이 자식아."

"야, 찌르지도 못할 거면서…찌르려면 찔러봐, 자 찔러보라고….”

난 몸을 내밀며 녀석에게 다가섰다. 당시는 겨울이어서 두꺼운 동복을 입었기에 설령 찔리더라도 별다른 상처를 입지 않을 것이라는 판단이 한몫을 차지하고 있었다.

껄렁한 녀석은 내가 다가서자 숨을 씩씩거리며 주변을 한 바퀴 돌아보더니 결국 깨진 병을 내려놓았다. 자신을 보고 있는 친구들이 많다는 점이 부담스러웠던 모양이었다.

얼마 후 반장과 껄렁한 녀석 둘이 다정하게 이야기하는 모습이 눈에 띄었다. 오랫동안 앙금이 쌓였다기보다는 순간적으로 욱하는 감정을 이기지 못해 다툼이 있었을 것이라는 생각이 들었다.

머리끝이 설 정도로 놀란 기억 하나가 트라우마가 될 수 있다는 사실을 나는 체험적으로 안다. 태권도를 배우고 친구와 다툼을 말리던 중학시절의 향수가 부지불식간에 떠오르는 기억 하나로 모두 덮어져 버리곤 했다. 5·18광주민주화운동 기간에 본 주검들과 가족들의 아우성이 꿈속이나 현실에서 불쑥불쑥 나타나곤 했던 것이다.

우리의 소원은 통일

숭일고등학교는 신학수업이 있는 미션스쿨이다. 1907년 유진벨(한국명 배유지) 목사가 '숭일학교'를 설립하면서 역사가 시작됐다.

숭일고등학교에서는 매주 한 차례 강당에 모여 예배를 보았다. 신앙심이 돈독한 학생들은 물론이고 종교가 없는 친구들도 예배 시간에 빠질 수는 없었다. 종교가 없는데 예배를 보아야 하느냐고 특별히 반발하는 학생은 없었다. 숭일고등학교에 배정받았을 때부터 자연스럽게 받아들이고 관련 수업도 순순히 받아들이는 분위기였다. 주기도문과 사도신경을 외우고 신학수업에서는 시험을 치르기도 했다.

그 시기 학교 분위기는 전체적으로 불안하였다. 학교 재단이 경제적으로 어려움을 겪으면서 선생님들에게서도 불안함이 느껴졌고 학생들도 덩달아 마음을 잡기 힘든 부분이 있었다.

이따금 학교 인근의 산에서 다른 학교 학생들과 집단 패싸움이 일어나기도 했다. 이야기를 들은 선생님이 몽둥이를 들고 산으로 쫓아갔지만 매번 헛걸음하기 일쑤였다.

고등학생 시절 적응하기 어려웠던 수업은 교련이었다. 실제 군인과 유사한 제식훈련을 받고 총기를 분해 조립하는 수업을 받아야 한다는 사실이 얼른 이해되지 않았다. 총기를 만지다 실탄이 장전된 것처럼 어딘가를 겨누고 쏘는 흉내를 내며 즐거워하는 친구도 있었지만 나는 전혀 흥미를 느끼지 못했다. 얼룩무늬 교련복을 입을 때마다 '군인도 아닌데 이 수업을 받아야만 하나' 반발심이 생기곤 했다.

독일어 담당 선생님이 진행하신 수업은 '신선한 충격'이었다. 독일어는 2학년부터 시작된 제2외국어 과목이었다.

선생님은 수업 첫 시간부터 과제를 내주셨다. 다음 시간 때 진행할 수업 내용을 예습하도록 한 것인데 학생들 대부분은 이를 무시했다. 첫 수업인데다 선생님의 인상이 선해서 학생들이 전혀 부담을 느끼지 않은 것이다. 다음 독일어 수업 시간이 됐을 때 선생님은 과제를 검사했다. 선생님은 3분의 2가량이 빈손으로 왔다는 것을 확인하고는 얼굴이 돌변했다.

"한 명씩 앞으로 나와."

선생님은 출석부를 보며 숙제를 하지 않은 친구들을 한 명씩 불러내 '빠따'(몽둥이) 5대씩을 휘둘렀다. 철썩, 철썩, 빠따가 친구들의 엉덩이에 닿을 때마다 긴장감이 더해졌다. 매질을 당한 친구들이 죽을 상을 지으며 엉덩이를 붙잡고 책상에 얼굴을 묻는 모습을 보면 그 고통이 온몸으로 느껴졌다.

"다음, 장관호."

"…."

선생님의 호명에 따라 자리에서 벌떡 일어났다. 이미 대답할 엄두도 나지 않았다.

팡, 팡, 팡, 팡, 팡.

엉덩이에서는 유달리 둔탁하고 무거운 소리가 들렸다. 자리로 돌아오는 길에 하얗게 질려서 자기 차례를 기다리고 있는 친구가 보였다. 친구는 눈으로 '많이 아프냐'고 물었고 나는 아무런 답조차 못함으로써 고통의 정도를 표현했다. 직접 몸으로 느껴봐야 알 것이었다.

"다음부터는 절대 숙제 빠트리지 말고 해와야 한다."

"네. 알겠습니다."

선생님의 말씀에 친구들은 한목소리로 대답했다. 교육방침 중 하나였겠지만 선생님은 첫 수업 이후로 학생들에게 단 한 번도 손을 대지 않았다. 학생들이 과제를 잘 해오기도 했지만 수업 도중 졸거나 해찰을 한다고 해도 주의만 줄 뿐 매를 들지는 않으셨다. 수업 내용은 학생들의 귀에 쏙쏙 들어올 수 있을 정도로 일목요연했다. 그 덕분인지 숭일고 학생들의 독일어 점수는 전국적으로도 높은 편이었다. 전국 평균을 훨씬 웃도는 경우가 많았고 만점에 가까운 점수를 받는 학생도 적지 않았다.

독일어 선생님은 올바른 교육 방식을 생각하게 하는 계기가 됐다. 매로 교육하는 방식의 옳고 그름을 따지기 이전에 어떻게 학생들과 관계 맺음을 하고 소통하는 것이 지혜로운지를 고민하게 된 것이다. 숭일고 학생들의 독일어 점수가 높았던 것은 선생님이 학생들을 매로 다스렸기 때문은 아니었다. 학생들은 선생님의 수업을 들으며 남보다 뜨거운 열정을 보았고 사제 관계에서는 존중을 잃지 않고 있다는 것을 알았다. 이 같은 정서는 신뢰가 됐고 신뢰가 쌓이자 열심히 공부하는 것으로 보답해야겠다는 마음으로 이어졌던 것 같다.

화학 선생님도 기억에 남는다.

화학 선생님은 해당 교과목에 대한 지식보다는 역사 이야기를 많이 해주셨다. 특히 고구려와 발해 등과 관련된 이야기가 주를 이뤘다. 우리 민족이 어떤 뿌리를 갖고 있는지, 단군은 어떻게 우리 민족의 시조로 자리매김 됐는지 등에 대해 설명해주셨다.

우리나라가 처한 분단의 역사도 단골 소재였다. 선생님은 1950년 한

국전쟁 이후 남과 북이 서로 갈라지게 된 배경을 길게 이야기하고 우리 세대에 꼭 통일이 됐으면 좋겠다는 바람을 나타냈다. 역사를 올바로 이해하고 인식해야 오늘의 정치, 사회, 문화적 상황을 판단하고 난관을 헤쳐나갈 수 있다는 점도 강조하셨다.

"우리의 소원은 통일, 꿈에도 소원은 통일…."

화학선생님의 영향 탓인지 대학교 1학년 신입생 환영회에서 내가 선택한 노래가 '우리의 소원은 통일'이었다. 친구들과 선배들은 나의 노래가 의외였던지 갑자기 쌩, 찬바람이 불었지만 나는 자못 진지한 시간이었다.

청산이 소리쳐 부르거든

내가 고등학교 때 처음 목표로 한 대학 전공은 항공학과였다.

항공학에 관심을 가졌던 이유는 어릴 때부터 가졌던 하늘을 나는 것에 대한 동경과 고등학생 때 물리선생님의 영향이 컸다. 물리선생님은 학사장교 출신이었다. 군인 출신이어서인지 수업 정리나 요약을 깔끔하게 잘 해주셨고 시험을 대비하는 요령이나 과정도 핵심을 잘 짚어주셨다.

선생님의 수업을 들으며 처음엔 막연했던 물리에 대한 관심이 조금씩 높아지고 호기심이 생겼다. 확실치는 않지만 고등학교 2학년이 된 이후부터 물리를 전공으로 한 대학 진학을 꿈꾸기 시작했던 것 같다.

진학 목표는 인하대 항공학과였다. 그동안 꾸준히 공부했고 그 결과로 드러난 성적으로 봐서 큰 욕심은 아니라는 판단이 들었다. 그런데 의외의 일이 벌어졌다. 당시 원서를 판매했던 광주은행에 갔더니 모두 소진되고 잔여분이 없다는 것이었다. 서울로 상경해서 원서를 구입할 수도 있었겠지만 부모님이 집에서 다니길 바라셨고 당시에는 그렇게까지 절박하다는 생각도 들지 않았다.

결국 인하대는 인연이 아닌 것으로 판단하고 집과 가까운 전남대 물리교육과를 지원했다.

내가 대학에 합격하면서 우리 집은 대학생이 3명이 됐다. 둘째 누나는 기독간호대학에 재학 중이었고 큰누나는 사범대 지구과학교육과 학생이었다. '자녀 가운데 1명만 대학에 진학해도 부모님의 허리가 휜다'는 말이 나돌 때여서 부모님이 말씀은 하지 않았지만 많이 힘드셨을 시기다.

같은 대학에 다니게 된 인연으로 해서 큰누나와 어울릴 기회가 많았다. 누나는 이른바 '탈패'라고 불렀던 전남대 풍물패 회원이었고 풍물패는 시위 현장에서 분위기를 북돋우고 학생들의 참여를 독려하는 데 큰 몫을 담당하고 있었다. 누나는 데모에 꾸준히 참여하고 있는 상황이었다.

1983년 12월 정부가 실시한 '학원 자율화 조치'[1]는 학생운동을 더

---

1) 1983년 12월 21일 문교부가 단행한 제적생의 복교허용을 골자로 하는 일련의 유화조치.
이 조치에 따라 84년 2월 말 학원 내 상주해 있던 경찰 병력이 철수하고 신학기에는 1,363명의 제적생 가운데 복학을 희망한 727명이 학교로 돌아왔다.
학원자율화조치는 학생운동을 활성화시키는 계기가 되어 4월로 접어들면서 학생들은 〈학원민주화추진위원회〉(학민추)·〈학원자율화추진위원회〉(학자추)를 구성, 〈제적학생 복교추진위원회〉와 함께 지도휴학제 폐지 및 강제징집 철폐, 군복무 중 사망한 학우의 사망 원인 규명, 학자추 또는 총학생회 공식인정, 평교수협의회 부활, 해직교수 원적대 복직, 학원사찰 중지, 학도호국단 해체, 언론기본법 철폐, 해직근로자 복직, 전면 해금, 노조탄압 중지,

욱 활성화시키는 계기가 됐다.

나는 누나를 곁에서 지켜보면서 데모는 하지 않겠다고 생각했다. 교수들이 데모와 관련해 학생들을 통제하면서 학사 경고며 제적, 퇴학 등으로 압박하는 모습을 봤기 때문이었다. 누나도 예외는 아니어서 제적 위기에까지 몰렸었고 이로 인해 어머니가 학교에 찾아가 교수에게 무릎 꿇고 사과하는 일까지 빚어진 터였다.

하지만 그것은 일시적인 감정이었던 모양이다. 학생, 노동자들에 대한 정권의 지나친 탄압을 보며 중학교 1학년 때 목도했던 5·18광주민주화운동이 생각나 '싸움이 필요하다'는 정의감이 불쑥 솟아나곤 했다.

대학 입학을 앞두고 누나가 학교에 구경을 가자는 제안을 한 적이 있었다. 흔쾌히 수락하고 풍향동 집에서 전남대까지 걸어가는 도중에 누나는 문득 노래 한 곡을 가르쳐주겠다고 했다.

> '청산이 소리쳐 부르거든 나 이미 떠났다고/기나긴 죽음의 시절 꿈도 없이 누웠다가/신새벽 안개속에 떠났다고 대답하라/저 깊은 곳의 영혼의 외침/저 험한 곳의 민중의 뼈아픈 고통/내 작은 이 한몸 역사에 바쳐 싸우리라 사랑하리
> 청산이 소리쳐 부르거든 나 이미 떠났다고/흙먼지 재를 쓰고 머리 풀고 땅을 치며/나 이미 큰 강 건너 떠났다고 대답하라/저 깊은 곳의 영혼의 외침/저 험한 곳의 민중의 뼈아픈 고통/내 작은 이 한몸 역사에 바쳐 싸우리라 사랑하리'
> (노래 '청산이 소리쳐 부르거든')

집시법 폐지 등 학내민주화와 사회민주화를 내걸고 교내시위와 가두시위·철야농성 등 활발한 투쟁을 전개했다. 정부당국의 자율화방침과 맞물려 지도휴학제 폐지·해직교수 원적대 복직 등 학내문제와 관련된 요구사항을 상당 부분 관철시킨 가운데 2학기를 맞은 학생들은 학생회를 부활시키는 등 학내 대중조직을 확산해 나가는 한편, 사회운동단체들과의 연대투쟁을 광범위하게 조직하기도 했다.(…)
[네이버 지식백과, '학원자율화조치'(한국근현대사사전, 2005.9.10. 한국사사전편찬회) 인용]

누나가 '청산이 소리쳐 부르거든'을 부르는 동안 나는 가만히 듣고만 있었다. 가사 하나 멜로디 하나가 가슴 속에 깊숙이 박혔다. 나는 노래를 배워 틈만 나면 혼자 흥얼거렸다. 기나긴 죽음의 시절 꿈도 없이 누웠다가….

누나가 나를 이끈 곳은 전남대 상대 뒤쪽에 있는 한 주점이었다. 주점에 도착했을 때 누나의 친구들 몇 명이 자리를 잡고 있었다. 누나는 친구들에게 나를 소개했다. 전남대 사범대 신입생이 된 동생을 축하하며 막걸리 몇 순배가 돌았다. 술은 사양하지 않고 마셨지만 취하지는 않았다. 그렇게 대학생활이 시작되었다.

대의원을 맡아 활동하다

대학교 입학 후 1학년 모임에서 노래를 부를 기회가 있었다. 그 자리에서 부른 노래는 '청산이 소리쳐 부르거든'이 아닌 '우리의 소원은 통일'이었다. 스스로 '청산이 소리쳐 부르거든'을 부르기에는 아직 이르다는 생각 때문이었는지도 모르겠다.

1학년 때에는 대의원을 맡아 활동했다. 학교에 머물던 전투경찰은 물러났지만 여전히 어수선한 상황이었다. 당시에 선배 한 명이 찾아오더니 함께 사회과학 공부를 하자는 제의를 해왔다. 학생회가 주도하는 학회에서 다양한 주제의 세미나를 많이 개최하던 시기였다. 4·19세미나, 5·18세미나 등 행사가 잇따라 개최됐고 학생들의 참여 열기도 뜨거웠다.

선배는 4월 19일 자연대 앞 벤치로 나오라고 말했다.
"점심시간에 맞춰 꼭 나와라."
"무슨 일이신데요?"
"그날 나와 보면 알 거야."
"그래도 궁금한데 대충이라도 미리 알려주셔야…."
선배는 웃음으로 대답을 대신하고는 먼저 자리를 떠났다. 나는 더 이상 캐묻지 못한 채 약속된 날짜에 자연대 앞 벤치를 찾아갔다.
"4·19 정신 계승해서 5·18 진상을 규명하라!"
"전두환 정권을 타도하자!"
순식간에 벌어진 일이었다. 한 학생이 핸드마이크를 들고 외치자 주변에 있던 많은 학생들이 약속이나 한 것처럼 금방 한곳으로 모여들었다. 학생들은 스크럼을 짜더니 자연대 후문 앞에서 백도(백색도서관 별칭) 앞 5·18광장까지 한 번도 쉬지 않고 구호를 외치며 뛰어다녔다. 나는 얼떨결에 그 사이에 끼어 함께 뛸 수밖에 없었다.
"독재 타도! 독재 타도!…"
학생들의 스크럼은 조금씩 더 줄이 길어졌다. 뛰는 동안 데모에 합류하는 인원이 계속 늘어난 것이다.
시위는 눈 깜짝할 사이에 끝났다. 학생들은 한자리에서 모여 구호 몇 개를 외치고는 누군가 짧은 인사말을 끝으로 곧장 해산해 버렸다. 나중에 알고 보니 전경은 물러났지만 사복 경찰들이 학내에 머무른 상태였고 학생 일부는 어디론가 잡혀갔기 때문이었다고 한다.
나는 이 일을 계기로 매일 아침 1시간여 동안 독서 활동에 참여했다. 철학에세이 등의 책을 읽고 궁금한 점을 질문하며 토론하는 시간을 가졌다.

그때만 해도 일반적인 시위는 사전에 약속한 장소에서 5분여간 '전두환은 물러가라, 물러가라' '전두환은 물러가라, 좋다 좋다' 등을 외치며 뛰어다니다 해산하는 방식으로 진행했다. 10분 이상 진행하는 것은 기적이라고 표현할 만큼 시위 유지가 어려웠다. 순식간에 경찰에게 잡힐 수 있기 때문이었다.

내가 처음 가두행진에 참여한 것은 1986년 8월이었다. 그날 시위는 1시간여 동안이나 진행됐다. 시위는 충파(충장로 파출소)에서 시작해 광주공원과 공용터미널을 거친 후 광주역까지 이어졌다.

그날 시위가 장시간 진행될 수 있었던 데에는 농민들의 참여가 컸다. 1984년 정부가 소를 수입하기 시작하면서 비롯된 한우 가격의 하락은 1986년까지도 이어졌다. 1986년 수소값은 1983년의 암송아지 값에도 못 미치는 지경에 이르렀다. 정부는 1985년 쇠고기 수입을 중단하고 암소 도축 연령을 폐지하는 등의 대책을 내놨지만 파탄이 나버린 농정에 대한 농민의 불만은 폭발하고 말았다.

갑작스런 농민들의 시위에 경찰은 곧바로 대처하지 못하고 우왕좌왕했다. 물밀듯이 밀고 가는 농민들 앞에 속수무책 방관할 수밖에 없었다. 이날의 가두투쟁을 두고 누군가는 '역사상 유례가 없는 투쟁이며 앞으로도 다시 보기 힘든 사례가 될 것'이라는 평을 남겼다고 한다.

농활에서 돼지 축사에 빠진 날

　대학 생활에서 매년 빠뜨리지 않고 참여한 일은 '농촌활동'(농활)이었다. 농활은 가장 큰 학생 자치행사 중 하나였다. 시위나 축제처럼 대학 새내기들이 비로소 대학생임을 실감하는 과정이기도 했다.
　농활은 낮에 농민들의 일손을 거들고 밤에는 농촌문제를 주제로 한 공부와 토론 등으로 바쁜 시간을 보내는 것이 일반적이다.
　1학년 여름 첫 농활 지역은 무안 해제였다. 3학년 선배들과 함께 참여한 우리는 대체로 우려 반 기대 반의 마음을 갖고 있었다. 선배들에게 귀동냥으로 들은 바에 따르면 농활이 무척 힘들다는 이야기가 주류를 이뤘기 때문이다. 하루 일정이 어렵고 힘든 일로 빠듯하게 진행되는 데다 식사도 스스로 해결해야 한다고 했다. 몸이 고되더라도 모두 같은 일을 하고 있기에 내색조차 힘들다는 의견도 덧붙여졌다.
　우려는 첫날부터 현실이 됐다. 농활에 참여한 동기가 7~8명 됐었는데 한 명이 뒤늦게 합류하면서 구두를 신고 온 것이 화근이었다.
　"집에서 중요한 행사가 있어 급하게 참석하고 오느라 늦었습니다."
　"이놈이 정신이 있는 거야? 너 지금 이런 복장으로 농활을 할 수 있겠어?"
　"죄송합니다. 시간이 없어서…일은…열심히 하겠습니다."
　"필요 없어. 기본적인 자세부터 전혀 안돼 있는데 어떻게 농활을 하겠어. 그냥 집으로 돌아가."
　"처음이라 그랬습니다. 용서해 주십시오." "안돼."
　친구의 하소연은 완강한 선배의 뜻을 돌리지 못했다. 그는 터벅터벅 왔던 길을 되짚어 가야만 했다.

다음날부터 진행된 농활은 예상했던 것보다 훨씬 더 힘들고 분주한 시간이 반복적으로 이어졌다. 아침 6시에 눈을 뜨면 부랴부랴 식사하고 일손을 돕기 위해 팔을 걷어붙였다. 일을 하는 동안 다른 데에는 눈을 돌릴 겨를조차 없었다. 이는 점심을 먹고 오후 일이 시작돼서도 마찬가지였다.

내가 맡은 일 가운데 가장 힘든 것은 각종 똥과 퇴비가 섞인 산처럼 쌓인 두엄을 한 번씩 헤쳐서 버무리는 것이었다. 서울에서 온 농활 학생이 퇴비 가스로 쓰러졌다는 이야기를 듣고 당황했으나 다행히 그날 이슬비가 내려 나는 가스에 쓰러지지는 않았다. 돼지 오물이 뒤섞인 두엄을 치우는 일은 단순히 힘만으로 해결되는 문제가 아니었다. 특히 두엄에서 내뿜는 강한 냄새는 근처에 다가가기 힘들 정도로 역했다.

나는 "오전 내 두엄을 모두 치우자"라는 할당을 받고 삽을 집어 들었다. 냄새가 너무 독해 잠시 한 자리에 서 있는 것도 힘들었지만 '어차피 누군가는 해야 할 일'이라는 생각에 묵묵히 주어진 일을 처리했다. 누군가 "짧은 시간에 처리하기 힘들 것"이라고 한 말에 '보란 듯이 해 보이고 싶다'는 오기가 발동한 것도 요인이었다.

"고생했네. 이리 와서 막걸리 한 잔 묵소."

일을 마치자 농민 한 분이 나를 부르더니 막걸리 한 잔을 내밀었다. '농민들에게 피해를 주는 행동을 해서는 안되고 음식을 함부로 받아 먹어서도 안된다'는 지침을 받은 터라 한사코 사양했지만 그 분이 되레 화를 내는 바람에 어쩔 수 없이 한 잔을 받아 들이켰다. 콩우유가 섞인 막걸리는 달고 고소했다. 목젖을 스치듯 넘어간 막걸리의 알싸한 뒷맛이 꽤 오랫동안 여운을 남겼다.

하필 그날 점심 식사 당번이 나였다. 내가 식사 준비에 나선 지 얼마 되지 않아 곧바로 순번이 바뀌고 말았다. 나에게서 음식 맛이 달아나는 역겨운 냄새가 난다며 친구와 선배들이 주방 근처에는 얼씬도 하지 못하게 한 것이었다. 농활 참가자들은 오후 6시가 되어 일을 마치면 몸은 파김치가 되기 일쑤였지만 그것으로 끝이 아니었다. 식사를 한 후 농민들과 이야기를 나누고 밤 10시에는 총화가 기다리고 있었다. 총화는 '농활의 꽃'이라 불렸지만 일일 결산과 평가의 자리로서 훈훈하지만은 않은 냉정한 반성의 시간이기도 했다.

나는 대학생활 동안 고흥, 영암 등을 찾아다니며 꾸준히 농활에 참여했다. 농활은 분명 힘든 시간이지만 대학 동기, 선후배들과 친해질 수 있는 계기가 되었고 농민들의 삶을 알 수 있었으며 노동에 대한 환상을 깨고 민중의 삶과 고통, 희망에 대해 배우는 공간이기도 했다.

본격적인 학생운동의 길로

대학생활을 하는 동안 5·18광주민주화운동의 참상을 다시 생각하게 된 계기는 독일인이 제작한 비디오 영상을 본 후였다. 물리교육과 학생 16명은 비디오를 보는 동안 엄청난 충격을 받았고 분노했다.

가장 크게 놀란 점은 '그때 그렇게 무시무시한 일이 있었는데도 나는 몰랐다'는 사실이었다. 선량한 광주시민이 '폭도'라는 누명을 쓴 채 군홧발에 짓밟히며 끌려갔고 또 많은 생명이 주검이 되어 돌아왔다. 광주는 계엄군에 의해 철저히 고립됐고 타 지역은 물론 외국에서도 진실을 알지 못했다.

　나는 중학교 1학년 때 보았던 도청 앞 시위와 상무관의 주검들이 떠올라 소름이 돋았다. 그날 줄지어 선 관들을 보며 흘렸던 눈물은 5·18의 참상[2]을 알았기 때문이 아니었다. '죽음'이라는 막연한 공포를 직접 대면한 데서 오는 놀람이었고 두려움이었다. 서둘러 아버지의 손을 이끌고 밖으로 나온 것은 눈앞에 보이는 현실을 외면하고 싶어서였을 것이다. 무수한 죽음을 직면하고 의미를 알기에는 열세 살의 나이가 너무 어렸던 것이다.

　그날 비디오 영상은 새로운 전환점이 돼주었다. 그동안 진실을 몰랐던 내가 부끄러웠고 스스로에 대한 분노도 적지 않았다. 나는 본격적으로 학생운동의 길을 걷게 됐다.

　1987년, 대통령직선제 개헌 등 민주화를 요구하며 전국적으로 전개된 '6월항쟁'을 거치며 전국은 뜨거워졌다. 6월항쟁 당시 전국 곳곳에서 매일 평균 100회 이상의 시위가 동시다발로 벌어졌다. 6월 9일 연세대 학생 이한열이 교문 앞에서 시위를 벌이다가 경찰이 쏜 최루탄에 맞아 혼수상태에 빠졌다는 소식이 알려지자 학생들은 물론 시민들의 분노가 들끓었다.

　1987년 4월, 전두환 대통령이 호헌조치를 발표한 이후 대학가 시위는 극에 달했고 정부가 강력 대응에 나섬에 따라 학교도 사실상 휴교

---

2) 아아, 광주여 무등산이여/죽음과 죽음 사이에/피눈물을 흘리는/우리들의 영원한 청춘의 도시여//우리들의 아버지는 어디로 갔나/우리들의 어머니는 어디서 쓰러졌나/우리들의 아들은/어디에서 죽어 어디에 파묻혔나//…//아아, 광주여 무등산이여/죽음과 죽음을 뚫고 나가/백의의 옷자락을 펄럭이는/우리들의 영원한 청춘의 도시여/… [1980년 6월 2일 전남매일 신문에 실린 김준태 시인의 시 '아, 광주여 우리나라의 십자가여!' 중에서]

상태가 이어지고 있었다.

나는 직선제 개헌과 민주헌법 제정 등 국민의 민주화 요구를 수용한 '6·29선언'이 발표될 때까지 매일 아침부터 밤늦게까지 가두투쟁에 참여했다. 이른 아침에 일어나서 화염병을 만들고 오후에 출정식을 한 후 시내에 진출하는 날들이 반복됐다.

광주시민들의 지지는 학생들에게 힘을 북돋아 주었다. 전경들에게 쫓겨 도망다니다 보면 "얼른 이곳으로 숨어라"며 집안으로 들여보내 주기도 하고 "밥이라도 먹고 가라"며 식사를 준비해주기도 했다. "어른들이 잘못해서 젊은 학생들이 고생을 한다"며 모금에 참여해 주시는 시민들도 많았다. 시민들이 어깨를 두드려주고 박수로 응원을 해줄 때마다 우리의 활동이 무의미한 것이 아니라는 확신이 들었다.

1987년 5월은 학교에서 공식적인 기념행사를 갖기 어려웠다. 전두환 정부가 엄격히 학생활동을 제한한 시기여서 광주 북구의 망월동 참배도 쉽지 않았다.

그렇다고 학생들이 행사를 포기한 것도 아니었다. 총학생회는 5·18 투쟁위원회를 만들어 민주 정신 계승과 진상규명, 책임자 처벌의 목소리를 높였다.

시위도 조직적으로 움직여야 하고 각자 정해진 역할들이 있는 법이다. 일반적으로 시위를 주동하는 분들을 '주씨'라 하고 이들을 보호하는 사람들을 '주보'라고 불렀다. 사범대에 맡겨진 임무는 주보였다.

5월 초에 주씨들을 만나야 한다는 지시가 떨어졌다. 본격적인 가두투쟁을 위한 사전 만남인 셈이었다. 이날 만나기로 한 인원은 주씨와 주보 각 3명씩이었다. 하지만 사전에 이 사실이 경찰에게 알려지면서 계획은 틀어졌다. 광주 북구 운암동 보건전문대 인근에서 주씨들을 만나 식당으로 이동 중에 대기 중이던 사복 경찰들에게 붙잡히고 말았다.

우리가 붙잡혀 간 곳은 경찰서가 아닌 모텔이었다.

경찰들은 우리를 알몸인 상태로 만든 후 군대처럼 얼차려를 주기 시작했다. 머리박기와 드러눕기, 쪼그려앉기 등을 돌아가며 지시했다. 아마도 학생들이니만큼 모욕감이나 치욕스러움을 안겨주고자 한 의도가 아니었나 싶다.

우리가 경찰서로 이동된 것은 저녁 무렵이었다.

"우리 관호 어떻게 된다냐?"

대학 생활 중 학생운동으로 인해 경찰에 붙잡힌 횟수는 모두 6차례에 달한다. 그중 두 번은 구류를 살아야 했다.

경찰에 붙잡힐 때마다 가장 먼저 떠오른 것은 가족이었다. 부모님을 생각하면 미안하고 송구스러운 마음이 들어 착잡해지곤 했다. 특히 아버지는 공무원이셨기 때문에 더욱 힘든 시간을 보내셨을 거라고 생각된다. 하지만 부모님은 누나와 나를 포함한 자식들이 학생운동을 하고 있다는 것을 알면서도 이를 말리거나 참견하지 않으셨다. 아이들이 잡히고 구속되는 일은 가슴 아프지만 잘못된 행동은 아니라는 생각을 갖고 계셨던 것이 아닌가 싶다. 부모님은 묵묵히 곁에서 지켜볼 뿐이었다.

모텔에서 곤욕을 치른 이후 2박 3일가량 잡혀있었던 곳은 광주서부경찰서였다. 그곳에는 친척 형님이 경찰로 근무하고 있었다. 아들이 잡혀갔다는 소식에 어머니가 애가 타셨던 모양이었다. 급하게 사촌 형님에게 전화를 걸어 정황을 물었다.

"야, 우리 관호 어떻게 된다냐?"

"이제 조사 중이니까 지켜봐야죠."

"남이 아닌께 잘 해결되게 애써야 쓴다."

"아이 괜찮아요. 뭐 학생들이 젊은 혈기에 데모도 하고 그라는 것이제. 너무 걱정하지 마십시오."

친척 형님은 대수롭지 않은 일인 것으로 치부하며 어머니를 안심시켰다. 아버지는 언제나처럼 별다른 말씀이 없으셨다.

구류를 살아야 했던 며칠간 마음이 조급했지만 어떻게 해볼 도리는 없었다. 주씨와 주보들이 한꺼번에 붙잡히면서 1987년 5월 투쟁은 제대로 이뤄지지 못했다.

아버지는 매년 5월 18일이 되면 삼촌, 외삼촌 등과 함께 기념 행사에 참석하셨다. 비록 신분은 공무원이셨지만 광주시민이라면 당연히 참석해야 한다는 생각을 지니셨던 듯하다. 아들과 딸은 데모에 참석했다면 당신은 삼촌들과 함께 막걸리 잔을 기울이셨다. 아버지 곁에는 외삼촌이 주로 자리를 지켰다. 중학교 졸업의 짧은 학력을 지닌 큰외삼촌은 공장 등에서 노동 일을 하시면서 세상의 부조리를 많이 체감하셨던 모양이다.

"요즘 세상의 시계방향이 잘못 가고 있지 않느냐. 하지만 우리는 힘이 없어 싸우지 못하니 이렇게 너희들 응원이라도 하고 싶다."

어느날 외삼촌이 술에 취해 한 말이 기억에서 지워지지 않는다.

물리교육과 학생회장을 맡다

이듬해인 1988년은 제1기 통일선봉대로 활동했다. 물리교육과 학생회장을 맡았던 시기이기도 하다.

통일선봉대는 1988년 8월 8일 고려대 민주광장에서 발대식을 가졌다. 전국대학생대표자협의회(전대협) 학생들이 주축이 되어 8·15 청년학생 실무회담과 국토순례대행진을 진행했다.

학생들은 8월 초에 전국통일순례를 시작해 8월 15일 범민족대회에 맞춰 서울에 집결했다.

나는 통일선봉대 중에 북한 사람들을 만나러 가는 임진각선봉대에 뽑혔다. 50여 명에 달하는 임진각선봉대는 목적지는 가지도 못한 채

터미널 앞에서 잡히고 말았다. 정부의 대응 방식에 비춰 예견된 일이기도 했다.

나는 며칠 간의 구류를 살았다. 이전에 서너 번 붙잡힌 경험이 있어 구속될 줄 알았으나 그나마 구류에 그친 것이 다행일 수도 있었다. 노태우 정권 출범 초기여서 강한 처벌을 피하고자 했던 것인지도 모른다.

"안경이 깨졌으니 안경값을 물어주세요." "무슨 소리야? 안경값이라니?"

"아니 경찰이 우리를 무리하게 붙잡다가 안경을 깨트렸잖아요?"

"아니, 그냥 풀어주는 것만으로도 고맙다고 해야지…."

"그거야 죄가 없으니 그런 것이죠. 학생이 안경값이 어디 있겠어요?"

나는 붙잡히는 과정에서 안경이 깨진 두 명의 동료들과 함께 경찰에게 적절한 보상을 해달라고 요구했다. 안경값을 받지 않으면 훈방도 거부하겠다며 완강히 버텼다. 처음에는 어이없다는 표정을 짓던 경찰은 우리가 지속적으로 요구하자 무시할 수 없다고 판단했는지 대안을 논의하는 듯했다.

"만약 안경 유리가 눈이라도 다치게 했으면 어쩔 뻔했냐고요?"

우리는 더욱 목소리를 높여 안경값을 달라고 요구했다. 내가 안경값을 생각한 배경은 '차비'에 있었다. 분위기를 보니 구류조치가 될 것 같은데 정작 서울에서 광주까지 내려갈 차비가 한 푼도 없었던 것이다. 무차별적으로 학생들을 붙잡고 툭하면 용공(容共)의 혐의를 씌우는 경찰들을 골탕 먹여주고 싶다는 마음도 한몫을 차지했다.

결국 우리는 경찰에게 안경값을 물려 받았고 버스를 타고 광주로 내려올 수 있었다.

광주에 내려온 이후 8월 말에는 광주 서방시장 내에서 벌어지고 있는 한 전자회사의 농성 지지투쟁에 참여했다가 또다시 경찰에 붙잡히고 말았다. 경찰서 신세를 진 지 채 한 달도 되지 않아 다시 들어간 셈이다.

농성하는 노동자들을 해산시키기 위한 경찰과 몸싸움이 벌어졌는데 나는 누군가 휘두른 몽둥이에 맞아 기절하기도 했다. 그때 잡혀간 곳은 광주동부경찰서였다. 나는 구속을 피할 수 없을 것이라고 예상했다. 구류에서 풀려난 지 며칠이 되지 않은 터라 가중처벌 될 가능성이 높았다. 그런데 운이 좋았던 탓일까. 그때까지 업무 연계가 되지 않았는지 동부서 경찰은 나의 구류 사실을 인지하지 못했다. 더욱이 나를 조사한 경찰은 과거에 교사생활을 한 이력을 갖고 있었다.

"아니, 사범대 학생이 이런 일에 연루되면 되겠나?"

"…."

"나중에 선생이 되려면 이런 데 와서는 안 되지."

"무슨 말인지 잘 알겠습니다."

경찰은 얼굴을 한 번 쳐다보더니 조서를 나에게 유리하도록 잘 작성해 주었다. 훈방 전 경찰서장과 만남도 이뤄졌다. 경찰서장 역시 "사범대생이니만큼 어린 학생들이 잘 본받을 수 있도록 다시는 이런 곳에 오지 말라"는 당부를 남겼다.

국립대 최초 대학자치선언 발표

1989년에는 전남대 총학생회 인권복지위원장을 맡아 활동했다. 그 해에는 학원자주화와 등록금 동결이 가장 큰 화제였다.

나는 학원자주화와 등록금 동결을 위한 대책위원장을 겸임하면서 국립대 최초로 대학 자치선언을 발표했다. 4월 13일 교수·학생공청회에서 공표한 '대학자치 선언문'[3]은 교수와 학생 간 불신의 벽을 무너뜨리고 신뢰로서 학원을 자주화시키자는 데 뜻을 모아 이뤄진 것이다.

전남대 이전에 조선대가 사립대로서 자치선언을 발표하는 등 전국의 주요 대학에서 선언이 잇따랐다.

전남대는 자치선언 실천 방안으로 '민주적, 자율적 운영에 관한 모든 문제를 논의·검토·협의하기 위해 최고의 협의 기구로서 전남대학교 운영협의회를 설치 운영'키로 했다.

대학자치 선언은 절반의 승리로 끝났다. 장기간 농성을 통해 기성회비는 동결시켰으나 수업료 동결은 관철시키지 못했다. 수업료는 정부에서 정하는 것인 만큼 전남대만의 문제가 아니라고 판단하고 다른 국립대와 연대투쟁을 했으나 성과는 없었다.

나는 책임을 지고 사퇴했고 총학생회 일에서 한발 물러났다. 내가 대학에서 마지막으로 관심을 기울인 일은 후배들을 돕고 키우는 것이었다.

---

3) 대학의 사명이 효율적으로 달성되기 위해서는 대학구성원 각자 또는 각 집단이 고유한 직분에 따라 투철한 협동정신을 발휘하도록 하는 분위기가 조성되어야 한다. 이를 위해서는 종래 대학구성원간의 의혹과 불신을 야기시킨 모든 제도와 관행이 남김없이 척결되어야 한다. 특히 인사 및 재무행정의 내용은 대학구성원 모두에게 납득될 수 있을 만큼 공개되어야 한다.
대학운영의 자율성과 민주화를 확보하기 위하여 전남대학교는 대학구성원 모두가 참여하는 〈대학운영협의회〉를 결성한다. 대학 운영협의회는 대학내외의 모든 간섭과 압력을 배제하고 이 현장의 내용을 확실하게 실천하도록 하여 전남대학교를 명실상부한 민족대학과 민주대학으로 자리매김하게 할 것이다.
['대학자치선언문' 요약]

군 전역 후 수배, 그리고 노동운동으로

내가 군대 입영 통지서를 받은 때는 1990년 8월 대학을 졸업한 후였다. 대학을 졸업하자 마자 9월 초에 입영하라는 통지서를 받았다.

나의 군 경력은 짧았다. 31사단에 입대했지만 손을 다치는 바람에 11월 8일 조기 전역해야 했다.

군 전역하자마자 경찰이 집으로 찾아와 과거 시위 경력을 가지고 검거하려 했으나 틈을 노려 도망치게 되었으며 이후 6개월 정도 수배생활을 하였다.

나는 총학생회 후배를 통해 이철규 열사 투쟁과 등록금 동결 투쟁 당시 집회 시위를 위반했다는 게 경찰의 검거 이유라는 걸 확인할 수 있었다. 군에 있었으면 옴짝달싹도 못 했을 것인데 운이 좋은 것인지 급한 소나기를 피할 수 있었다.

대학을 졸업한 상태여서 그냥 학교에 머물 수만은 없는 노릇이었다. 당시 학생운동 출신들은 대부분 제조업 공장에 취업해 노동운동으로 투신하는 것이 자연스러운 모습이었다. 나는 주위의 지인들에게 일할 수 있는 공장을 알아봐달라고 요청해 광주의 한 공장에 취업했다. 테니스장 바닥의 흙을 일정하게 고르는 차량용 롤러를 생산하는 곳이었다. 전체 인력이 5명 내외에 불과한 작은 규모의 회사였다.

약 두어 달이나 지났을까. 군대에서 손가락을 다쳤었는데 그곳에서 또 다른 손가락을 크게 다치고 말았다. 첫 직장생활인 데다 숙련되지 못한 일을 한 것이 원인이었을 것이다.

손가락을 다쳐 치료가 시급했지만 수배 중인 상황이라 일반 병원에는 갈 수 없었다. 나는 급히 둘째 누나가 수간호사로 근무하고 있는 병원을 찾아가서 봉합수술을 받았다. 수술을 진행하는 동안 마음이 온통 '수배'에 집중된 탓에 아픈 줄도 몰랐다. 경찰에게 쫓기는 동생을 수습하느라 병원 가족들에게 아쉬운 소리를 해야 했을 누나에게도 미안한 마음이 들었다.

이 일이 있은 지 몇 달 후 광주북부경찰서 정보과 직원이 어머니를 만났다고 한다. 어머니는 내가 수배받고 있는 일이 잘 정리될 듯하니 자수를 하라고 권유했다고 말했다. 경찰의 권유에 따라 경찰서에 찾아가 조사를 받은 것이 1991년 중순이었다. 경찰의 말대로 나는 기소유예 처분됐고 수배도 해제됐다.

공장에 다니는 동안 또 다른 한편으로는 노동청년회 조직에 몰두했다. '노동 청년을 대상으로 한 노동자 단체를 만들어보자'는 데 뜻을 모은 선배와 동기 대여섯 명이 준비위원회에 참여하고 있었다. 이 모임은 1992년께 광주청년노동자회로 창립했고 나는 1993년과 1994년 회장을 맡아 이끌었다.

광주청년노동자회는 다양한 연령대의 노동자들이 회원으로 참여했다. 갓 고등학교를 졸업한 사회초년생부터 직장 경력 20년이 훌쩍 넘는 베테랑 회원도 있었다. 회원들은 현장에 다니면서도 독서토론이나 역사기행, 글짓기, 연극 등 다채로운 문화소모임 활동을 벌였다. 노동자들의 노동환경과 개선 방향 등에 대해 토론을 하고 노동조합을 만들어보자고 의기투합을 하기도 했다.

새로운 인생의 전환점을 맞다

나의 두 번째 직장생활은 1993년에 시작됐다. 광주 본촌공단에 위치한 자동차 부품을 생산하는 회사였다. 나의 업무는 용접이나 밀링 등 기본적인 일이었다. 몸이 고되기는 했지만 일이 어렵지 않고 급여도 이전의 직장보다 나은 편이어서 별다른 불만 없이 지내고 있었다.

"자네 이제 이곳을 그만둬야겠네."

"갑자기 그게 무슨 말씀인가요?"

직장을 다닌 지 5~6개월이 지났을 때 공장장이 다가와 느닷없는 말을 꺼냈다. 나는 뒷덜미가 서늘해지며 무엇인가 불길한 예감이 머리를 스쳤다.

"경찰서 정보과 형사들이 와서 인사 기록 자료들을 모두 가져갔어." "경찰들이 왜 그랬답니까?"

"자네, 학생운동 했다며?"

"저 하나를 잡겠다고 인사기록을 모두 챙겨갔다는 말입니까?"

"그건 나도 모르지."

그곳은 가명으로 입사한 회사가 아니었다. 지명수배가 풀린 상황이어서 굳이 숨길 이유가 없었던 것이다.

우리 내부에서는 열띤 토론이 벌어졌다. 일부에서는 강하게 싸워나가야 한다는 주장이 있는 반면 또 다른 일부는 싸움에 승산이 없는 데다 일반 노동자가 피해를 볼 수 있다는 우려를 제기했다. 결국 우리는 스스로 직장에서 나오는 길을 택했다. 형식은 우리 스스로 나오는 모양새였지만 내용적으로는 쫓겨난 셈이었다.

나는 직장을 나온 후 광주청년노동자회 활동에 전념했다. 1994년 말 회장 임기가 끝날 무렵 전국노동조합협의회가 광주노동조합대표자협의회(광노협)로 전환하게 됐다. 기존의 광노협이 제조업 중심이었던 것에서 탈피해 언론과 전교조, 사무직을 포함한 조직으로 확대하는 것이 핵심이었다.

나는 광노협 조직부장으로 활동하면서 민주노총 광주전남본부 준비위원회 조직부장도 맡게 됐다. 민주노총 조직부장 활동은 1999년까지 이어졌다.

1999년은 김대중 정부 시절이었다. 그때 당시 우연히 대학 선배를 만난 것이 인생의 새로운 전환점이 됐다.

"너 이야기 들었냐?"

"무슨 이야기요?"

"김대중 정부가 시국사건 임용 제외자에 대한 특별법을 준비하고 있다는 내용 말야."

"글쎄요 처음 듣는 이야기인데요?"

"너도 대상자가 될 수 있을 것 같으니 잘 알아보고 준비해봐."

"네 그럴게요."

선배의 말은 사실이었다. 당시 김대중 정부는 '시국사건관련 임용제외 교원의 피해회복을 위한 조치에 관한 특별법'을 준비하고 있었다. '국립 사범대학을 졸업하였으나 시국사건과 관련하여 임용에서 제외되었던 교원들을 특별채용하는 것을 내용으로 하는 법률'이었다.

그때는 영암의 삼호중공업이 파업 농성을 하던 시기이기도 했다. 나는 민주노총 조직부장으로서 농성을 지원하면서 지원서류를 준비했다.

이 특별법에 따라 특별채용 대상이 확정된 것은 1999년 10월이었고 발령 일자는 11월 1일이었다. 특채 통지는 나로서는 분명 하나의 '선물'이었지만 들뜨거나 흥분되지는 않았다. 좋은 일인데 좋은 것 같지만은 않은, 이런저런 생각들이 씨줄 날줄로 얽히고 설키면서 되레 머릿속이 하얘지는 것을 느꼈다.

당시 학생운동에 같이 참여한 친구들은 교직 진출이 어렵다고 생각하고 공사나 일반 기업에 취업하는 사례가 많았다. 어쩌다 연락이 닿은 한 친구는 술자리에서 '아이들을 좋아하고 그들을 가르치면서 보람을 느끼고 싶어서 사범대에 진학했었다'며 말끝을 흐린 적도 있었다. 나는 고개를 끄덕였다. 내가 사범대에 진학한 이유 역시 명확했기 때문이다.

평생의 반려자를 만나다

내가 청년노동자회 활동을 한 시기는 광주지역에 문화예술단체는 있었지만 '회' 조직 형태의 노동단체는 거의 없던 시기였다. 청년노동자회가 계기였는지는 알 수 없지만 그때부터 광주지역에 '회'의 명칭을 단 노동단체가 잇따라 생기기 시작했다. 여성노동자회, 사무직노동자회 등이 등장했고 이들을 함께 묶은 광주노동운동단체연합이 출범했다.

광주노동운동단체연합은 1992년부터 지역의 노동현안에 공동대응하고 노동자 통일운동에도 앞장서 활동하였다.

1994년에는 '영호남 노동자 통일 등반대회'를 준비하였다. 대구·경북과 부산·경남, 광주·전남지역의 노동자들이 각기 자기 지역의 지리산

자락에서 출발하여 노고단에서 만나 통일행사를 열자는 것이었다.

행사를 준비하기 위해 두 달 전부터 각 단체의 대표자들이 준비위원회를 구성하여 회의와 실무준비를 하였는데 광주·전남 노동단체 대표자 중에는 장연주 사무직노동자회 사무국장이 포함돼 있었다. 장연주 사무국장은 이미 지역에서 얼굴을 익힌 사이였다. 청년노동자회와 사무직노동자회를 포함한 지역의 노동자 역사기행이나 통일행사 때 함께 일한 과정이 적지 않았기 때문이었다.

지리산에서의 영호남노동자들의 만남은 뜨겁고 희망찼지만 등반은 너무 험난하였다.

앰프를 비롯한 무거운 행사장비에다가 개인 텐트와 식자재까지 옮겨야 할 짐도 너무 많았다.

둘째 날 등반 때는 참가자들이 거의 말이 없었다. 목적지인 지리산 반야봉을 향해 앞 사람 뒤꿈치만 보면서 돌덩이처럼 무거운 걸음을 애써 옮기고 있었다.

그때 갑자기 전남대병원의 간호사 한 분이 지쳐서 쓰러지고 말았다. 당장 어떻게 할 도리가 없어 당황되고 난감했다. 일단 남성 네 명이 들것을 만들어 간호사를 챙기고 여성들이 남성들의 가방을 들기로 했다. 하지만 현장의 인원이 적다 보니 나는 가방을 맨 채 들것의 한쪽까지 책임질 수밖에 없었다.

시간이 흐르면서 온몸의 기력이 빠져나가고 있었다. 어깨는 천근만근 무겁고 몸은 땀에 젖어 한 걸음 한 걸음 발을 내디딜 때마다 푹푹, 흙 속에 빠지는 기분이었다. 여름 더위에 심한 갈증이 났지만 당장 마실 물도 없었다.

'아, 너무 힘들다. 누가 좀 도와줬으면…' 마음 속으로 간절하게 외치는데 때마침 어깨가 가벼워지는 느낌이 들었다. 등에 시원한 바람이 불면서 몸이 한결 편해지는 것이었다. 고개를 돌려보니 장연주 사무국장이 내 가방을 빼서 들고 있었다.

그때였었나 보다. 말없이 가방을 든 채 선한 미소를 짓고 있는 그녀를 보고 이성적인 감정이 싹텄던 듯하다. 어쩌면 그 이전부터 그녀를 지켜보며 켜켜이 쌓였던 좋은 감정들이 확신으로 바뀌는 계기였는지도 모른다.

다행히 안전하게 산을 내려온 우리 일행은 광주에 돌아와 간단하게 평가 뒤풀이를 한 뒤 집으로 귀가했다. 광주 북구 신안동에 위치한 그녀의 집을 데려다주는 길에 나는 용기를 내 진지하게 사귀어보자는 제안을 했다.

그녀는 "알겠고 좀 더 생각할 시간이 필요하냐"고 답했다. 그동안 다른 사람들에게는 말을 하지 않았으면 좋겠다는 의견도 덧붙였다. 하지만 바로 다음 날부터 나와 장연주가 사귄다는 입소문은 빠르게 퍼졌다. 나는 그 출처를 알 수 없다며 하소연했지만 그녀는 믿지 않았다.

폭설 속에 치러진 결혼식

우리는 1년 반 정도 사귄 후 1996년 12월 1일 결혼식을 올렸다.

결혼식은 올리게 됐지만 마음이 편치만은 않았다. 두 사람 모두 민주노총 조직부장으로, 사무직노동자회 사무국장으로 활동하면서 제대로

된 수입이 없던 탓이었다.

결혼식도 전날 밤 부터 갑자기 쏟아진 폭설로 계획한 대로 진행되지 못했다.

당장 주례선생님부터 차질을 빚었다.

"야 눈이 너무 많이 와서 못가겄다." "네? 의장님, 차가 안다니나요?"

"눈이 와서 버스도 없고 자가용도 도저히 갈 수가 없어. 집을 벗어날 수조차 없당께."

"아니 긍께 우리 집에서 어제 주무시라니까…."

"내가 이리 될 줄 알았냐? 암튼 미안허다."

해남에서 결혼식 당일 올라오시기로 한 전국농민회 정광훈의장님께서 눈으로 인해 옴짝달싹도 할 수 없는 상황이 돼버린 것이다.

사회를 보기로 한 동기도 차질을 빚은 것은 마찬가지였다. 광주 첨단지구에 살던 그조차 학동의 결혼식장까지 갈 방법이 없다고 연락이 온 것이다.

우리는 황급히 예식장에서 대기 중인 주례 선생님을 섭외하고 현장에 온 친구에게 사회를 맡겼다.

"신부 장연주 양은 부모님의 따뜻한 보살핌 속에 대학까지 졸업하고…."

우스운 것은 주례사였다. 아내 장연주는 부모님을 일찍 여읜 상황이었음에도 주례 선생님이 관성처럼 해오던 이야기를 사전 논의 없이 똑같이 되풀이한 것이다. 아내와 나는 잠시 마주 보고 웃었다. 이 또한 돌아보면 재미있는 추억이다.

우여곡절 끝에 시작된 신혼생활은 예상대로 녹록지 않았다. 고정된 수입이 적다 보니 결혼식 때 받은 패물을 내다 팔아야 하는 지경이었다.

식사비나 난방비를 최대한 절약하는 데도 버스비가 없어 신혼집인 운암동에서 목적지까지 먼 거리도 발품으로 대체하는 일이 비일비재했다.

결혼 1년 후 큰딸을 낳을 즈음 부모님이 계시는 두암동으로 이사했다. 아내도 사회에서 해야 할 일이 적지 않았고 맞벌이를 해야 했다. 아내는 큰딸이 백일이 지나자 어머니에게 아이를 맡기고 일과 활동을 재개했다.

담탱이들은 학생들이 질문을 통해
핵심 아이디어에 접근하고 협력 활동을 바탕으로
깊이 있는 학습이 이뤄지는 수업을 설계하는 데 초점을 뒀다.
이를 통해 학생들과 더욱 친근하게 소통하고
다양한 방식의 수업을 전개하면서 효과를 높이는 데 기여할 수 있었다.
놀라운 것은 담탱이들의 소망에 참여한 교사들의 열정과 노력이었다.
담탱이들은 수업과 학생과의 상담, 생활기록부 작성 등으로
빠듯한 일정을 보내면서도 정규 모임에 빠지는 일이 없었다.
일주일 동안 경험을 통해 함께 고민하고 논의해야 할 주제를 모아 이야기하고
서로의 의견을 경청했다.
담탱이들은 모아진 의견을 토대로 대안이나 해법을 찾아가는 노력을 기울이며
더욱 성장하는 기회를 가질 수 있었다.

2부 _ 함께 걷는 길

1장 행복한 7교시

영광여자중학교로의 첫 출근
두 개의 세상을 살다
"우리는 선생님만 믿습니다"
학생들과 함께 성장한 3년
담탱이들의 소망
학생들 기 살리는 텃밭 가꾸기
작은 공동체 교육의 효과
혁신학교 교무부장을 맡다
민주적인 학교문화 혁신
스스로 성장하는 학생 프로젝트
청호학부모회 '늘품회' 활동
'학부모 3R's 멘토링'의 효과
화이트 해커의 꿈을 지원하다
학생 보호는 지역사회가 나서야
수업 혁신, 배움의 공동체
숨 쉬는 학교가 교육의 질을 담보한다
교사의 헌신적 희생이 없다면
학생부는 학생들을 지원하는 곳
코로나19 이후 학교 풍경
비대면 교육의 득과 실
학교 현주소 돌아보는 계기로
"선생님 친구가 절 괴롭혀요"
학교폭력에 대응하는 자세
사제동행을 이어가다

학생들이 생각하는 **제각각 장관호샘**

1장 – 행복한 7교시

영광여자중학교로의 첫 출근

1999년 11월 1일, '시국사건 관련 교원 임용 제외자 채용에 관한 특별법'이 통과돼 영광여자중학교 과학 선생으로 발령을 받아 처음 출근하는 날이었다.

마음은 말로 표현하기 힘들 정도로 복잡미묘했다. 한편으로는 기대감과 설렘이 있으면서도 또 다른 한편으로는 몸에 맞지 않은 옷을 입은 듯한 불편함이 함께 있었다.

가장 마음이 불편했던 점은 당시 활동했던 노동 현장의 동료들과 끝까지 함께 '해야 할 일'을 모두 해결하지 못한 채 떠났다는 데 있었다. 노동 현장에는 제대로 노동 가치를 인정받지 못하면서도 묵묵히 맡은 일에 최선을 다하는 동료들이 있었다. 좀 더 나은 세상을 만들기 위해 자신의 모든 것을 바쳐서 일하고 있는 그들 곁을 떠난다는 것이 바람직하고 지혜로운 일인지, 이기적인 일은 아닌지 끊임없이 자문하게 했다.

반면 학생들을 가르치는 학교 현장으로 들어간다는 점은 생각만 해도 가슴을 뛰게 만들었다. 언제인가 정확히 기억나지는 않지만 교사가 되어 학생들을 가르치는 꿈을 꾼 적이 있었다. 아이들의 초롱초롱한 눈빛, 해맑은 미소를 보며 수업을 하는 시간은 너무도 행복했다. 하지만 그 시간은 짧았다. 꿈에서 깼을 때, 얼토당토않은 속마음을 스스로에게

들킨 것 같은 열없음에 빈 웃음이 나왔었다.

'노동 현장'에 있었지만 교직에 대한 막연한 그리움은 있었다. 중소기업 현장이나 막노동 등으로 이어지는 노동자의 생활은 한곳에 정착하며 꾸준히 현장활동을 하는 노동자들과는 달랐다. 안정적으로 상근하는 노동운동가들과도 대비되는 삶을 살면서 차마 표현하지 못한 서러움이나 아쉬움 같은 게 있을 수밖에 없었다. 이는 '나도 한 현장에 깊숙이 박혀 오랫동안 무엇인가 한번 해보고 싶다'는 마음으로 이어졌다.

당시 민주노총 지역본부 내에서 논의됐던 이야기들도 결심을 굳히는 계기 중 하나였다. '큰 틀로 봤을 때 사회적으로 중요한 시기'라는 점을 강조하는 회의론도 있었지만 '노동 현장의 범위나 층이 다양해지고 있기에 교육 현장에 들어가는 것도 의미가 있다'는 의견도 적지 않았다.

"아따, 번듯하게 양복을 차려 입응께 솔찬히 폼이 나네?"

아내는 출근을 며칠 앞두고 양복 한 벌을 장만해 주었다. 1996년 결혼식을 한 이후에는 입을 기회가 없었기에 별도로 정장이 준비돼 있지 않았다. 특히 그때는 경제적으로 매우 힘든 시기이기도 했다. 민주노총에서 간부로 활동하는 동안에는 활동비가 너무 적었고 그만큼 생활은 궁핍할 수밖에 없었다.

그동안 어려운 환경 속에 지냈던 터라 하고 싶은 말이 많았을 텐데 아내는 정작 아무 말도 하지 않았다. 힘든 생활고를 벗어날 수 있는 기회라고 생각할 수도 있었을 것이다. 학교에 들어가서 생활이 좀 편해지면 좋은 것 아니냐, 그리고 그곳에서도 충분히 하고자 하는 일들을 할 수 있는 것 아니냐고 말하고 싶었을지도 모른다. 더구나 그때 아내의 배 안에는 둘째 녀석이 자라고 있기도 했다. 하지만 모든 판단을 나에게 맡기고 자신은 그 결정을 존중하겠다는 입장이었다.

"긴장허지 말고 평소 하던 대로 잘하고 오소."

아내가 옷매무새를 살피며 씩씩한 목소리로 말해 주었다.

두 개의 세상을 살다

기대와 우려 속에서 시작된 영광여중에서의 생활은 순탄치 못했다. 충분한 역량을 갖추지 못한 데다 준비도 부족했기에 당연한 결과인지도 몰랐다. 더욱이 11월은 학기가 끝나갈 시기여서 학생들조차 갑작스런 과학선생님 교체에 대해 궁금증을 가졌다. 기존의 선생님을 밀어내고 자리를 차지한 것이 아니냐는 의혹의 시선도 느껴졌다.

"왜 선생님이 바뀌었어요?"

"이전 선생님은 어디로 가셨대요?"

"선생님은 어떻게 해서 우리 학교에 오시게 됐는데요?"

호기심 가득한 여중생들이라 그런지 끊임없이 질문이 쏟아졌다. 하지만 명쾌하게 답을 줄 수도 없었다. 아는 것이 거의 없었던 탓이다. 이야기해 줄 수 있는 내용이라면 나 스스로와 관련된 것 뿐이었다.

나중에 안 일이지만 영광여중에서의 근무는 기존에 일하던 기간제 교사의 자리를 메운 것이었다. 당시 학교 복도에서 한 선생님을 지나쳤었는데 교장 선생님께 항의를 하러 가던 모양이었다. 갑자기 기간제 교사를 정리하신 이유를 물었다는 것이다. 정원 외 추가 인력으로 발령을 받은 줄 알았던 나로서는 불편한 일일 수밖에 없었다.

수업도 매끄럽지 못했다. 그동안 노동자들을 대상으로 한 노동정세나 권리보장 등과 관련된 강의는 꾸준히 했었기 때문에 어려울 것이 없었지만 학생들을 대상으로 한 수업은 눈높이에서부터 적절한 용어의 선택에 이르기까지 어려움이 뒤따랐다. 지식을 전달하는 과정에서 두세 개의 비슷한 단어가 머릿속에 떠오르면 짧은 순간에 어느 것이 효과적인지 선택하는 게 쉽지 않았다.

학기가 끝나가는 시점이어서 수업을 체계적으로 진행하는 것도 무리가 있었다. 나만의 방식으로 학생들과 소통하면서 지식을 전달하기보다는 이전 선생님이 진행했던 수업의 진도를 이어 가면서 마무리를 짓는 수순을 밟아 갔다.

이는 교직을 출발하면서 가장 아쉬운 부분이기도 하다. 11월 1일 대신 신학기가 시작되는 3월 1일자로 발령을 받았다면 초기 학교 수업이나 학생들과의 관계 설정 등에서 큰 어려움 없이 무난히 적응이 됐을 일인데 중간에 3학년 과학 수업을 맡다 보니 어려움이 있었던 것이다.

학교 출근길도 쉽지만은 않았다. 나는 운전을 할 줄 몰랐기에 동료 선생님의 도움을 받아 카풀로 학교에 갔다. 정해진 시간을 맞추기 위해서는 새벽 6시에 집을 나서야 했다. 광주 북구 두암동에 위치한 집 근처에서 버스를 이용해 숭일고 앞으로 갔고 다시 6시 50분쯤 동료 선생님을 만나 4명이 모이면 차를 타고 영광여중으로 갔다. 출근 길에만 꼬박 2시간 가량이 소요되는 생활의 반복이었다.

교직 생활을 시작한 초기에는 마치 두 개의 세상을 사는 것 같았다. 학교에 있을 때는 학교만 생각하지만 밖으로 나오면 또 다른 세상을 살아가는 방식으로 보낸 시간이었다.

학교를 벗어나면 몸과 마음이 노동현장이나 민주노총으로 쏠렸다.

교사로서 새로운 생활이 시작됐지만 그동안 함께 활동했던 지인들과의 만남까지 단절된 것은 아니었다. 틈틈이 그들과 만나 각종 현안에 대해 이야기를 나누다 보면 시간 가는 줄 몰랐다.

학교에 가면 학생들에게 지식을 전달하는 데 힘썼지만 미안함이 앞섰다. 특별한 준비 없이 첫 발령을 받으면서 아이들과 관계에서 수업을 진행하는 데 어려움을 느꼈고 어쩌면 학생들도 그 어설픈 한계를 충분히 눈치챘을 것이라고 생각했다.

"너희 영광여중에서 있을 때 과학 선생님 첫 수업 어땠냐?"

"선생님요? 그냥 좀 어벙벙했어요."

"너희들이 이해해라. 뒤늦게 학교 현장에 발령받아서 너희들을 만났는데 아마도 많이 떨리고 힘들었을 거야. 그래도 열정만큼은 충만했을걸?"

"하지만 수업도 별로 재미는 없었어요."

영광여중을 졸업한 학생들은 대부분 영광고로 진학했는데 새 학기가 시작되자 영광고에 계셨던 누님이 학생들에게 물어봤다고 한다. 누님은 "학생들 말로는 네 수업이 서툴고 아마추어처럼 보였다고 하더라"며 웃었다.

나는 누님의 이야기에 고개를 끄덕였다. 스스로 판단했을 때도 그해 11~12월은 가장 힘든 시기였다. 아이들과의 소통 문제는 물론 교과 영역과 관련해서도 학생들에게 어떤 것을 어떻게 매개고리로 해서 흥미를 가질 수 있도록 이끌어줄 것인지 등에 대한 준비가 하나도 안 돼 있었다. 그냥 스스로 알고 있는 지식을 일방적으로 학생들에게 주입하는 방식의 교육이 진행돼 사실상 '실패한 수업'이라고 밖에 볼 수 없었다.

이는 이듬해인 2000년부터 학생들과의 소통이나 학교 수업 준비에 대한 마음가짐부터 바꾸는 계기가 됐다. 수업에 대한 준비가 안 된 상태에서 학생들과 관계 맺음을 한다는 것은 애초부터 올바르지 않다는 것이 교훈이었다. 이는 스스로의 자존감을 떨어뜨릴 뿐더러 아이들의 배움에도 장애가 될 수밖에 없을 것이었다.

'학생들과의 소통에서부터 수업 진행 등에 이르기까지 학교 현장에서의 모든 내용들은 미리 충실하게 준비되지 않으면 안 된다.'

첫 해의 부족했던 경험은 향후 교직 생활에서 자신을 돌아보고 끊임없이 더 나은 교육을 생각하는 자양분이 됐다.

"우리는 선생님만 믿습니다"

새로운 학년이 시작된 2000년 봄에는 1학년 담임을 맡았다.

개인적으로는 전년도의 수업이나 학생들과의 관계가 만족스럽지 못했기에 더 의욕적으로 활동을 하겠다고 결심했다. 학급 당 학생 수는 35명 정도였고 학교가 읍내에 위치 해있어 학생들의 생활지도에는 큰 어려움이 없을 것으로 예상했다.

신학기가 시작되면서 가장 먼저 닥친 일은 가정방문이었다. 개인적으로도 학생 시절 학기 초가 되면 담임선생님이 집을 방문하신 경험이 있기에 묘한 호기심이나 기대가 있기도 했다.

가정방문은 학생들 수업을 마친 오후 2시나 3시께 시작해 하루 4명에서 7명까지 진행하는 것으로 일정을 짰다. 일부 가정은 부득이 제외할 수밖에 없었다. 학부모가 사정상 집에 있을 수 없는 시간이어서 선생님을 만나기 힘들다고 학생을 통해 전해온 사례였다.

첫째 날인가, 둘째 날인가는 정확하지 않다. 오후가 되자 약속된 일정대로 첫 학생의 집을 방문했는데 아버님이 기다리고 계셨다. 고기잡이배를 운영하신다는 아버님은 '선생님이 오신다'는 이야기에 급히 출항을 나갔다가 전날 입항했다고 했다.

방에는 떡하니 상이 차려져 있고, 이름 모를 여러 가지 생선회며 낙지, 탕 등이 푸짐하게 차려져 있었다.

"아이구 우리 선상님, 어서 오씨오. 얼른 여기로…."

아버님은 자리를 권하더니 상에 가득 차려진 음식들을 가리키며 마음껏 드시라고 말했다.

"아니, 무슨 음식을 이렇게 많이 준비하셨어요?"

"무슨 말씀을요. 우리 애기 담임 선생님이신디… 성의껏 헌다고 했는디 입에 맞을랑가 모르겄네요."

"아이고 그래도 너무 과하신데요."

"얼른 잡숴요. 글고 여기 회도 있으니 약주도 한 잔 하셔야지라."

아버님은 간단한 인사치레가 끝나자마자 술잔부터 내밀었다. 받아야 하나 말아야 하나, 짧은 시간 동안 망설이다 결국 술잔을 받아들었다. 평소 사람들과의 만남 속에서 조금씩 술을 마셨던 터라 '한두 잔쯤이 뭐 대수랴' 싶었던 것이다. 하지만 이것이 '잘못된 선택'이 되고 말았다. 잔을 받으면 비워서 건네고, 다시 잔을 받고, 또다시 잔을 건네고…. 술잔이 오가다 보니 적잖이 취기가 오르고 정해진 시간마저 훌쩍 지나버린 것이다. 결국 그날 가정방문은 첫 집이 마지막 집이 되고 말았다.

학생들에게는 약속을 지키지 못해 미안한 마음이 컸지만 개인적으로는 순박하고 따뜻한 어촌 사람들의 정을 느낄 수 있어 뜻깊은 시간이었다.

한 번은 한 학생과 함께 버스를 타고 가정방문을 하게 됐다. 꽤 오랫동안 차를 타고 이동해서 찾아간 학생의 집에는 부모님 대신 할머니가 계셨다. 처음에는 할머니와 같이 사는 조손가정인가 생각했으나 금방 아니라는 것을 알게 됐다. 부모님이 계시는데 외지에서 경제활동을 하다 보니 할머니와 주로 생활한다는 것이었다.

"워메 워메, 우리 선생님 먼 데서 오시느라 애쓰셨소."

할머니는 따뜻하게 손부터 잡으시더니 안으로 이끌었다. 그리고는 곧바로 삶은 고구마와 감자 같은 것을 내놓으며 먹을 것을 권했다.

"어쩨, 우리 애기는 학교에서 말썽 안피우고 잘 지내는가 몰르겄소. 집에서 공을 들여서 키워야 하는디 형편이 이러다 본께…."

"아닙니다. 전혀 걱정하지 않으셔도 됩니다. 착실하고 성격도 밝아서 친구들 사이에 인기도 높답니다."

"아이고 글믄 다행이지라. 다 선생님께서 잘 돌봐주시니까 그러지요. 이 늙은이는 선생님만 믿습니다요."

"네네. 잘 자라서 할머니께 꼭 효도하는 착한 손주가 될 것입니다."

가정방문을 통해 느끼는 정은 그뿐만이 아니었다. 집에 가져가서 드시라며 이것저것 음식들을 챙겨주는 것은 물론이고 마당에 널어놓은 생선이며 과일들을 담아주는 사례도 적지 않았다.

부모님이나 할머니들이 싸주시는 것은 단순한 '먹거리'가 아니었다. 그것은 우리들 누구나 가슴 속에 따뜻하게 자리하고 있는 '정(情)'이었다. 특히 그곳에서 느낀 정은 또 다른 매력이 있었다. 어느 때는 푹 곰삭은

남도의 홍어처럼 톡 쏘는 것이기도 하고 잘 우러난 청국장처럼 구수하고 깊은 맛이기도 하다. 그 무엇과도 쉽게 바꿀 수 없는 우리만의 소중한 정서이기도 하다.

가정방문을 통해 학생들의 처지나 상황을 알게 됐고 그러면서 아이들도 차츰 달라보이기 시작했다. 학생들과 눈높이를 맞추고 허물없이 소통하려고 애썼다.

수업은 3학년을 대상으로 하루 3~4시간씩, 일주일이면 18시간 전후로 진행됐다.

"선생님, 이 원리는 너무 어려워요."

"선생님은 언제부터 교사를 하고 싶었어요?"

참새 같은 아이들이 먼저 다가와 질문을 해주거나 장난을 걸면 마냥 좋았다. 녀석들이 스승과 제자라는 이분법적 경계를 넘어 대화하고 소통 가능한 편한 대상으로 인식하고 있는 것 같았기 때문이었다.

학생들과 함께 성장한 3년

영광여중에서 2000년에 1학년 학생들과 인연을 맺었던 나는 2001년과 2002년에는 2학년과 3학년의 담임을 차례대로 맡았다. 학생들과 건강한 관계를 맺고 서로를 알기 위해 1년은 너무 짧았기 때문이었다.

1학년 학생들이 2학년이 되고 3학년이 될 때 나도 2학년과 3학년 담임이 되어 조금씩 친분을 쌓았다. 그리고 그렇게 3년을 함께 지내다 보니 학생들을 거의 다 알 수 있는 상황이 됐다.

나는 체벌과 관련해서는 학생들을 손대지 않는 것을 원칙으로 삼고 있다. 각각의 학생들이 모두 소중하고 존중받아야 할 인격체이기 때문에 체벌은 안된다는 것이 기본적인 생각이었다. 체벌로 정신적·감정적 상처를 주게 되면 교사와 학생 사이의 신뢰 관계가 손상될 수 있다는 우려도 적지 않았다.

하지만 영광여중 3학년 아이들을 가르치는 동안 딱 한번 처음이자 마지막으로 아이들을 체벌한 적이 있었다.

영광여중에 이른바 '칠공주'들이 있었다. 일찌감치 일곱 녀석들이 어울려 다니며 친구나 후배들을 괴롭히거나 크고 작은 문제를 일으키곤 해서 요주의 대상이기도 했다.

나는 칠공주들을 우리 반으로 들어오게 했다. 교사의 입장에서 일반적인 생각으로는 기피할 수 있는 학생들이지만 나의 생각은 조금 달랐다. 우선 나는 그 학생들을 1학년 때부터 쭉 지켜봐왔기 때문에 모두 다 잘 알고 있었다. 그중에는 경제적으로 집안 형편이 어려워 사실상 방치된 학생이 있었고 가정불화나 부모의 이혼 등으로 정신적·심리적 충격을 겪는 아이도 있었다.

나는 일곱 명을 우리 반에 모아 두고 지속적으로 소통하며 라포(rapport·신뢰관계)를 형성하기 위해 노력했다. 서로 간에 감정과 사고, 경험을 이해하고 공감대를 만들어가는 과정을 갖고자 했다. 학생들을 광주로 데리고 와서 함께 밥을 먹고 아들, 딸과 함께 공원에 가서 함께 놀기도 하였다.

문제는 아이들이 스스로 했던 약속을 어기면서 비롯됐다. 칠공주가 친구들의 물건을 훔친 일이 드러나 '다음에는 절대 하지 않겠다'는 약속을 받고 한 번 용서했는데 또다시 같은 일이 발생한 것이었다.

"어렵게 한 번은 용서했는데, 다시 이 일이 반복됐다는 것은 서로의 약속을 어긴 셈이잖아?"

나는 수업이 끝난 후 아이들을 불러놓고 말했다. 아이들은 고개를 숙인 채 한동안 말이 없었다.

"너희들은 이 문제를 어떻게 해결했으면 좋겠냐?"

"…."

"너희가 스스로 해법을 제시해 봐라."

"저희들이 매를 맞아야죠."

"그래? 모두 동의하는 거냐?"

"네."

"그럼 맞아라."

나는 학생 한 명, 한 명 돌아가며 매를 때렸다. 학생들도 아팠겠지만 때리는 나의 마음도 편할 리 없었다. 한 녀석, 한 녀석 시선이 마주칠 때마다 어려운 가정형편과 안정적이지 못한 교육 환경이 떠올라 선생이기 이전에 어른으로서 미안한 마음이 들기도 했다.

한 아이가 3학년 때 학교에 등교하지 않아 집으로 찾아간 적이 있었다. 그 아이는 2학년 때도 툭 하면 결석을 하는 바람에 선생님들이 지도에 어려움을 겪었었다.

그 아이는 아버지가 배를 타러 나가고 거의 혼자 살다시피 하는 상황이었다. 집을 찾아가 문을 열었더니 또 다른 친구와 늦게까지 잠을 자고 있는 모습이 목격됐다. 일단 가출은 하지 않았다는 점에서 안심이 됐지만 사실상 부모님의 관심에서 벗어난 아이를 보니 착잡한 마음이

들었다.

"얼른 집안 단속 잘하고 가방 챙겨 나와라. 학교에 가자."

나는 일부러 감정 없이 이야기를 내뱉었다. 의도와 상관없이 아이가 받아들이기 힘든 말로 자극할 경우 더 나쁜 길로 빠질 수도 있다는 우려가 컸기 때문이었다. 다행히 그 학생은 중학교를 무사히 졸업할 수 있었다.

학생들의 거칠고 잘못된 행동을 어떻게든 해결해야겠다는 의지를 품은 것이 언제부터인지는 잘 모르겠다. 어쩌면 교사 생활 이전에 오랫동안 노동현장에 있으면서 문제를 일으키는 학생들보다 훨씬 더 어려운 형편의 청소년을 많이 봐 왔기 때문일 것이다. 공장에서 힘들게 일하면서 야간에 학교를 다니거나 중도에 포기하는 청소년을 보며 안타까운 마음이 든 적이 많았다.

한때의 잘못된 판단으로 인해 가서는 안될 길을 가는 학생들을 바른 길로 인도하는 것은 교사가 당연히 해야 할 일일 것이다.

담탱이들의 소망

영광여중에 재직 중이었던 2000년에 뜻이 맞는 동료 교사 7~8명과 함께 '담탱이들의 소망'이라는 모임을 만들었다. '담탱이'는 학생들이 담임선생님을 친근감 있게 부르던 호칭이다.

'담탱이들의 소망' 이전에는 '학생생활연구회'라는 모임이 있었다. 학생들의 생활과 인권 등에 대해서 이야기하는 모임이었다.

담탱이의 소망에 참여한 교사들은 일주일에 한 번씩 모여 각각 작성한 교단일기를 공유하며 이야기를 나누는 자리를 가졌다.

"내가 순간적으로 감정을 주체할 수 없을 상황이 돼서 아이들에게 소리를 쳤는데 이럴 때는 어떻게 푸는 것이 지혜로웠을까요?"

"학급 운영과 관련, 어떻게 공동체적인 운영을 하는 것이 옳으며, 아이들이 잘 성장할 수 있도록 돕는 방법은 무엇일까요?"

"학급 운영 놀이를 어떻게 하면 좋고 아이들이 전체 참여할 수 있도록 하는 방법은?"

"학생 학급회 운영은 어떻게 이끌어가도록 돕는 것이 좋고 우리는 어떤 준비를 해야 하는가?"

담탱이들의 소망은 교사로서 맞게 되는 문제들을 담임선생님들이 모여서 이야기하고 필요할 경우 전교조 참교육실천대회에서 발표하는 과정을 거쳤다.

이 과정은 교육청에서 준비한 프로그램이 아니라 일반 교사들이 일상 생활에서 부딪혔던 학생 생활이나 학교 수업과 관련된 것이어서 서로 많은 도움을 주고받을 수 있었다.

'수업을 어떻게 계획하는 게 바람직한가'는 주된 논의 사항 중 하나였다.

담탱이들은 학생들이 질문을 통해 핵심 아이디어에 접근하고 협력 활동을 바탕으로 깊이 있는 학습이 이뤄지는 수업을 설계하는 데 초점을 뒀다. 이를 통해 학생들과 더욱 친근하게 소통하고 다양한 방식의 수업을 전개하면서 효과를 높이는 데 기여할 수 있었다.

놀라운 것은 담탱이들의 소망에 참여한 교사들의 열정과 노력이었다.

담탱이들은 수업과 학생과의 상담, 생활기록부 작성 등으로 빠듯한 일정을 보내면서도 정규 모임에 빠지는 일이 없었다. 일주일 동안 경험을 통해 함께 고민하고 논의해야 할 주제를 모아 이야기하고 서로의 의견을 경청했다. 담탱이들은 모아진 의견을 토대로 대안이나 해법을 찾아가는 노력을 기울이며 더욱 성장하는 기회를 가질 수 있었다.

  특히 '담탱이들의 소망' 모임이 참여 교사들에게 의미가 컸던 점은 서로를 의지할 수 있다는 데 있었다.

  그동안 육체적으로나 정신적으로 힘들고 지쳤던 시간을 보냈더라도 교사들끼리 한 자리에 모이면 서로 눈을 마주치는 것만으로도 위로가 되고 의지가 됐다. 잠시나마 시답지 않은 개인사나 가정사와 관련된 농담들이 물색없이 오가도 곧장 공감대를 형성하며 웃음보가 터지고 환호성이 터졌다. 동료 교사의 안타까운 사연이나 불행한 소식이 들리면 모두가 자신의 일인 것처럼 울상이 되기도 했다.

  '담탱이들의 소망'은 교사와 학생, 교사와 교사 간 소통과 공감을 통해 성장하는 소중한 시간이 됐다.

학생들 기 살리는 텃밭 가꾸기

  2004년, 영광여중에 이어 두 번째 학교로 발령을 받은 곳은 영광대마중학교였다.

  영광 대마면에 있는 영광대마중은 남녀공학으로 영광여중에 비해 규모가 작은 학교다. 1학년부터 3학년까지 모두 1개 반씩, 60여 명이 전체 학생 수였다.

학생 수가 적다는 점은 교사들에게는 긍정적인 일이다. 학생들을 빨리 파악할 수 있고 라포형성도 잘 이뤄질 수 있기 때문이다.

영광대마중에서 근무하는 동안 안타까웠던 일은 학생들의 가정환경이었다. 경제적으로 힘든 형편의 학생들이 많다 보니 건강한 교육 환경을 기대하기 어려운 것이 현실이었다. 부모님이 먼 도시에서 생활하면서 어쩔 수 없이 할머니 품에서 자라거나 부모 이혼 후 편부나 편모 슬하에서 지내는 경우 등이 많았다.

이는 영광대마중 학생들이 실시한 독거노인 봉사활동이 특별했던 이유이기도 했다. 학생들의 봉사활동은 매주 한 차례씩 진행됐다. 어르신들의 어깨와 손발을 주물러 드리고 집안청소와 심부름을 하면서 보람을 느끼며 조금씩 성장해가는 것을 보았다. 봉사활동에 참여한 학생들이 자신들의 불우한 환경을 탓하며 좌절하기보다는 더 나은 내일을 향해 나아가려는 의지를 다지는 계기가 됐다.

영광대마중에서 의미가 있었던 일은 텃밭 가꾸기였다. 텃밭 가꾸기는 2007년께 시작됐는데 당시에 나는 교무부장을 맡고 있을 때였다. 그때만 하더라도 학생들은 하교 이후에 마땅히 갈만한 곳이 없었다. 학교가 영광읍과는 거리가 있는 곳이다 보니 친구들과 어울릴만한 놀이 공간도 부족하고 자신들의 정서에 맞는 휴게 시설을 갖춘 곳도 없었다.

영광대마중은 저녁 늦게까지 학교를 개방해 놓았다. 학교 개방은 텃밭 가꾸기 활동과 병행됐다. 원하는 학생들은 하교 후에도 학교에 남아 자신들이 기르는 채소를 가꿀 수 있도록 한 것이었다. 학교에 남아 있는 학생들 곁에는 교사가 항상 함께 했다. 교사들은 대부분 여선생님이 없으나 학생들을 위한 일에 주저없이 팔을 걷어붙였다. 일주일에 몇 차례씩 돌아가며 학생들과 함께 한 뒤 집에서 밤늦도록 자신들의 수업을 준비하는 열정을 보여주었다. 나는 당시 학교 뒤편에 있던 관사에서 생활을 하기도 하였다.

학교 텃밭은 학생들에게 '갈 곳'을 제공하면서도 다양한 작물 재배를 통해 정서적인 안정에 도움을 주는 등 교육적 효과가 적지 않았다. 상추나 고추, 오이, 토마토 등 다양한 작물 재배와 수확 등 다채로운 영농활동과 체험활동은 학생들의 공동체 의식을 높이는 데 도움을 주었다. 자신들이 직접 씨를 뿌리고 물을 주면서 정성을 기울이면 싹이 올라오고 줄기가 뻗는 모습을 보며 성취감을 느끼는 듯했다. 채소를 수확하는 날이면 식사 시간에 쌈을 싸 먹기도 했고 돼지고기를 사서 단체로 즐거운 파티 시간을 갖기도 했다.

"야, 직접 키우고 따서 먹으니까 더 맛있다."

"다음에는 우리 새로운 채소를 길러보자."

"그러자. 어떤 종류가 좋을까?"

"양상추도 있고…배추는 어떠냐?"

"아예 농사를 지어서 시장에 내다 팔자고 하지 그러냐?"

커다란 상추쌈을 입에 욱여넣으면서도 아이들이 말은 쉴 줄을 몰랐다. 자신들이 직접 기른 채소를 먹는 일도 즐겁지만 친구들과 함께한다는 사실이 더 신나는 모양이었다.

처음 텃밭으로 시작됐던 방과 후 활동은 독서활동이나 상담으로 점차 확대됐다. 학생들 간에 이뤄지고 있던 경쟁 속에서 지친 심신과 정서적 안정을 찾는 데도 한몫했다고 할 것이다.

"아니 저곳은 무엇을 하는 데 이 시간에 환하게 불이 켜져 있지?"

"중학생이 이렇게 늦게까지 공부를 한다고?"

"학생들이 선생님과 무슨 농사를 짓는다고 하던디…."

나중에 들은 이야기지만 밤까지 불이 환하게 켜져 있는 모습을 본 많은 사람들이 영광대마중학교에 관심을 가졌다고 한다. 학교가 영광읍에서 광주를 지나는 길에 위치해있다 보니 이곳을 지나는 많은 사람들의 시선을 끈 모양이었다. 영광대마중이 실시한 텃밭 가꾸기는 전남교육청의 '교육과정 운영 최우수 학교'에 선정됐고 지원금을 받기도 했다.

영광대마중에서 불편했던 점은 학생들의 급식이었다.

영광대마중은 학생 수가 적다 보니 자체 급식을 할 수 없었다. 학교는 인근 대마초등학교에서 만든 음식을 운반해 와 학생들에게 제공하는 방식으로 운영할 수밖에 없었다. 학사 일정도 어쩔 수 없이 영광대마중이 대마초등학교에 맞춰서 진행했다. 체험학습이나 운동회 등의 학교 행사를 똑같은 날로 맞췄고, 방학도 사전에 조율해서 같이 실시했다. 부득이하게 일정이 어긋나는 경우에는 인근 식당에 의뢰하거나 간편식을 제공해야 했다.

학생들은 다행히 불평불만을 쏟아놓지는 않았다. 관행적으로 진행돼 온 일이고 뾰족한 대안이 없다는 것을 알기 때문인지 대부분 수긍하는 분위기였다.

작은 공동체 교육의 효과

영광대마중의 장점은 학생 수가 적다는 것이었다.

학교에서의 교육 활동이 학급당 20명 이내여서 아이들을 돌아보면 한눈에 모두 다 들어올 정도였다. 작은 공동체라고 해도 좋을 것이었다. 교우 관계나 학업성취도는 물론 가정 형편까지 알 수 있어서 학생들을 지도하는 데 큰 어려움이 없었다.

영광대마중에서의 경험은 학급 당 적정 학생 수를 고민하는 계기가 되기도 했다.

학급당 학생 수가 적을 때 가장 긍정적인 지점은 모든 학생과 눈을 마주 보며 수업할 수 있다는 데 있었다. 눈을 보면 학습 속도가 느린 학생, 빠른 학생, 아예 관심이 없는 학생을 단박에 알 수 있다. 개별 학생의 학습 정도를 점검할 수 있고 그에 걸맞은 새로운 수업 시도로 연관 지어 볼 수도 있다. 또 학생 관련 행정업무가 줄기 때문에 학생들에게 더 많은 관심을 기울일 수 있는 것도 장점으로 꼽힌다. 학생들과 소통 기회를 늘림으로써 스스로 주도하는 학급 문화를 유도할 수 있고 학습 방법이나 내용도 조절하게 되며 이는 자연스럽게 수업의 질로 이어진다고 할 것이다.

학급 당 학생 수를 줄인 것은 김대중 정부 시절이 유일했다. 김대중 정부는 지난 2001년 7월 이른바 '7·20 교육여건 개선 조치'를 통해 2003년까지 학급당 학생 수를 초·중·고교 모두 평균 35명으로 낮추겠다는 발표를 했다. 이에 따라 학교 수가 크게 늘었고 저출산으로 인한 학령인구 감소 추세까지 겹치면서 2008년 기준 중·고등학교(일반계)

학급당 평균 학생 수는 34.7명과 35.1명에 달했다.

한국교육개발원의 발표에 따르면 2024년 9월 현재 전남지역 유·초·중·고의 학급당 평균 학생 수는 17.29명으로 전국에서 가장 낮은 수치를 보이고 있다. 초등학교 15.7명, 중학교 21.41명, 고등학교 19.94명으로 학교급별로도 가장 낮다. 하지만 이는 인구감소로 인한 분교 등의 형태를 유지하고 있는 지역의 특수성이 반영된 평균값일 뿐 도시에 있는 지역의 학교는 30명을 훌쩍 넘긴 학생 수를 유지하고 있는 실정이다.

일반적으로 학급당 학생 수가 많아지면 교사의 학급관리 효율성이 떨어지고 학생의 학습 환경도 악화될 수밖에 없다.

학생들을 가르치다보니 우리나라처럼 담임제를 유지하고 있는 경우에는 학급당 15~20명의 학생 규모가 적정하다는 생각이 들곤 했다. 이 때 학생들과의 라포형성은 물론 생활교육과 학습력 증진에 도움을 주는 과정도 훨씬 쉬워졌다.

신축되는 학교 건물의 각 학급을 20평 규모로 하는 점도 주목할 필요가 있다. 이는 학생 수를 20명으로 예상한 넓이 수치로 한 명당 한 평꼴인 셈이다.

하지만 30명을 훌쩍 넘긴 과밀학급은 건강과 학습 효과에 부정적인 영향을 미치게 된다.

가장 큰 부작용은 지난 2019년 12월 시작된 코로나19 시기에 나타났다. 정부와 의료기관에서는 '1m 거리두기'를 강조했지만 학교 현장에서는 이를 지킬 수 없는 상황이 된 것이다. 이는 학교 교육이 비대면으로 갈 수밖에 없는 조건이 됐다.

반면 학생 수가 적은 소규모 학교의 경우 코로나19의 시기에도 대면 교육이 가능했다. 코로나19가 장기화되면서 일부 지방 학교의 경우 전학과 입학 문의가 잇따르고 학생 수가 크게 늘기도 했다.

출생아가 감소하는 시기에 모두에게 질 높은 교육을 보장하는 첫걸음이 학급당 학생 수를 적정하에 보장하는 것이며 대체적으로 15~20명 정도의 학급이 적정하다는 견해가 일반적이다.

혁신학교 교무부장을 맡다

영광대마중학교에서 목포청호중학교로 전근을 간 해는 지난 2009년이었다.

목포청호중에서 1년여를 보내던 중 전교조의 시급한 현안으로 인해 다시 전남지부 활동을 해야 했다.

전교조에서 맡겨진 일을 마치고 목포청호중으로 돌아온 것은 2013년이었다. 그 해는 목포청호중이 혁신학교로 지정된 후 첫걸음을 뗀 시기이기도 했다.

'혁신학교'는 학생들에게 입시 중심의 획일적 학교 교육에서 벗어나 창의적이고 자기주도적인 학습능력을 높여 공교육을 정상화시키자는 취지에서 도입된 것이다. 현재 진행 중이거나 기존의 교육 과정으로는 아이들의 올바른 교육 활동을 담보할 수가 없다는 인식에서 출발했다. 학생들에게 입시 위주의 교육과 살인적인 경쟁 교육을 언제까지 강요할 수는 없다는 절박감이 공감대를 형성한 것이다. 혁신학교는 아래에서부터 학교 개혁 운동을 해보자는 데 뜻을 두고 있다. 이를 통해 입시 체제가 당장 안 바뀐다고 할지라도 우리가 할 수 있는 범위에서 교육에 변화를 주고자 하는 것이다.

혁신학교의 구호는 '경쟁에서 협력으로'다. 학교 내에서 협력적인 학습 환경을 조성하고 전반적으로 민주적인 학교 문화를 조성하자는 의미다.

혁신학교 추진 과정에서 중요한 동력 중 하나는 교사의 자발성이다. 혁신학교를 신청할 때도 교사들이 모두 동의하지 않으면 성공하기 힘들다는 인식이 팽배했다. 교사들의 자발적 의지가 배제된 채 행정명령 등의 강제성을 띨 경우 그 성패는 불 보듯 뻔하기 때문이다. 따라서 교사들이 혁신학교 신청과 관련해 충분히 논의 과정을 거치고 마음이 한곳으로 모아진 이후에야 신청을 하게 된다.

나는 2013년 목포청호중으로 돌아오자 마자 곧바로 교무부장을 맡아 업무에 들어갔다. 교장 선생님께서 마침 교무부장을 맡을 분이 필요했다며 나에게 자리를 권했다. 처음에는 정중히 사양할까, 생각했지만 누군가는 맡아야 할 자리이고 선뜻 맡겠다는 선생님이 없다는 이야기에 고개를 끄덕였다.

목포청호중은 전형적인 도심의 남학교였다. 학년당 6학급으로, 3학년까지 18학급 규모를 갖추고 있었으며 경제적으로 어려운 가정형편의 학생들이 많았다. 이는 교육환경의 부실로 이어지는 사례가 많았고 일부 학생의 경우 학교생활 적응에 어려움을 겪기도 했다.

'어려운 여건 속에 있는 학생들의 교육을 어떻게 감당할 것인가'는 선생님들의 오랜 고민 중 하나였다. 나 역시 학교 활동을 불안정하게 하는 친구들, 학교 활동에 적응이 안 된 친구들한테 학교가 어떤 교육과정을 통해서 아이들이 정상적으로 활동할 수 있도록 만들어 줄 것인가에 대한 답을 찾기 위해 노력했다. 교육자로서 그런 문제를 극복해 나가는 것이 참다운 교육의 길이지 않겠냐며 함께 의기투합한 선생님들이 옆에 계셨다.

민주적인 학교문화 혁신

혁신학교는 교육과정 혁신, 수업 혁신, 평가 혁신, 전체 학교 문화의 혁신 등으로 나눠 진행된다.

목포청호중은 이 중 민주적 학교문화 혁신을 중심으로 먼저 시행했고 뒤따라 수업혁신을 진행했다.

목포청호중이 민주적 학교문화 혁신에 주력한 것은 교사들의 논의과정에서 자연스럽게 이뤄진 결과였다. 교사의 자발성을 근거로 하되 학교 문화를 민주적으로 한번 바꿔보자는 의견이 모아졌고 그 관계를 동료 교원의 협력성·민주성으로 찾아보자는 방향을 설정하게 된 것이다.

민주적 학교문화 혁신을 위해 가장 먼저 시작한 일은 뜻을 함께하는 동료 교사들을 모으는 일이었다. 전남혁신학교인 '무지개학교 추진팀 협의회'를 구성하는 과정에 참여하고 싶은 분들은 모두 활동하실 수 있도록 했다. 이를 통해 무지개학교에 참여한 교사는 15명 정도가 됐다.

교사들은 어려운 조건에서도 시간을 쪼개 매월 한 차례 집중해서 토론할 시간을 갖자는데 뜻을 모았고 학교 활동 평가와 그에 따른 대안 등을 모색하는 데 주력했다.

토론 열기는 뜨거웠다. 학년별 교육 활동은 물론 교육과정 운영 중

행사와 관련해 사전에 준비해야 할 것들은 무엇이 있는지, 또 모인 의견은 전체 공식기구인 교직원협의회 등과 어떻게 조율해 답을 찾아갈 것인지 등에 대해 이야기하다 보면 깊은 밤이 되기 일쑤였다.

무지개학교에 참여한 교사들은 수업 외에 진행되는 잇단 회의로 어려움을 호소하기도 했다.

학년별 협의회가 있고, 교무회의 등이 있다 보니 일부에서는 '무지개학교가 교사를 너무 혹사시키는 것 아니냐'는 지적을 하기도 했다.

하지만 무지개학교 추진팀 협의회는 자발성에 기초한 조직이었다. 노동 강도의 문제를 벗어나 자신이 관심을 갖고 하고 싶은 영역에서 무엇인가를 책임져 나가고자 하는 의지가 바탕이 됐기 때문에 묵묵히 일들을 추진할 수 있었다.

회의 일정도 조정했다. 보통 학년 회의, 교직원 회의, 무지개추진팀 협의회의가 한 달에 한 번씩 진행되었는데 무지개추진팀 회의만 수업 후에 진행하고 교직원회의와 학년협의회는 교육 과정 속에서 진행되도록 했다.

학년협의회는 학교와 교사의 도움이 필요한 학생 지도에서 일관성을 갖는 데 중요한 역할을 했다. 특정 학생을 대하는 교사들의 평가나 판단이 모두 다를 수 있는데 한 자리에 모여 논의하고 접점을 찾으면 어느 선생님이 그를 대하든 일관된 지도가 가능한 것이다. 수업시간과 생활지도에서 서로 간 오해로 인한 마찰을 줄이는 데도 효과적이었다.

"담임 선생님은 이 학생을 어떻게 지도하고 계십니까?"
"국어선생님 교과 시간에 이 학생의 문제점은 없었습니까?"
"체육이나 음악 활동은 열심히 참여하고 있는지요?"

선생님들은 한자리에서 머리를 맞대 모인 의견을 토대로 이번 주는 어떤 부분에 관심을 기울일 것인지, 또 무슨 내용에 초점을 맞춰 일관된 메시지를 전달할 것인지를 결정한 후 실제 수업 시간에 이를 실천했다.

학년별협의회를 거치다 보니 눈에 띄는 변화가 생겼다.

수업내용은 물론 생활교육과 관련된 이야기를 폭넓게 하게 되면서 단순히 정보를 공유하는 형식적인 회의가 아니라 교육자로서 학생들을 들여다보기 시작한 것이다. 또 같은 사안에 대해 선배 교사와 후배 교사가 각각의 시각으로 진지하게 이야기하면서 서로 성장하는 계기가 되기도 했다.

학년별협의회와 달리 무지개추진팀 협의회는 학교사업 전반을 검토하는 자리였다.

1학년 학생들에게 지금 필요한 것이 무엇이고 어떻게 지원해줘야 바람직한 것인지, 2학년은 무엇을 가장 바라고 있는지, 고교 진학을 눈앞에 둔 3학년에게 시급한 것은 무엇인지 등을 논의해 결정했다.

무지개추진팀 협의회에서 논의된 내용은 다시 교직원 회의에서 최종 합의 과정을 거쳐 시행되었다.

하지만 모든 논의들이 순조롭지만은 않았다. 같은 사안이어도 보는 시각에 따라 대립되는 의견이 존재하거나, 각 학년별로 이해관계가 얽혀있을 경우에는 이를 조정하는 데 많은 시간이 필요했다.

관리자의 리더쉽과 평교사의 리더쉽이 충돌하는 경우도 있었다. 혁신학교 추진위나 학년별 협의회 활동을 열심히 하는 선생님들이 의견을 모아서 교장 선생님에게 가져가는데 이를 못 받아들이는 사례가 발생하는 것이다. 이 경우 교장 선생님도 불편하겠지만 이를 설득해야 하는 평교사들도 어려운 일이긴 마찬가지다. 평교사들의 민주성과 관리자들의 지도감독 권한을 어떻게 조화시켜 협력을 이룰 것인가는 지속적으로 해결해나가야 할 과제이기도 하다.

스스로 성장하는 학생 프로젝트

목포청호중에서 민주적 학교문화 혁신과 함께 진행한 프로그램이 학생 자치활동이다.

학교는 '스스로 성장하는 학생 프로젝트'를 운영해 학생회의 활동력을 높여나갔다. 학급회의, 학생회 간부모임, 전체 학생회 모임 등을 운영했고 '교장 선생님과 대화' 등으로 민주적 학교 운영의 밑거름을 만들었다.

학생회는 '스스로 책임감을 높이자'는 뜻에서 생활문화개선 운동을 시작했다.

대표적인 사례 중 하나가 '여학생 화장'을 주제로 한 집중토론이다. 학교 강당에 전체 학생들이 모인 가운데 각자가 지닌 의견을 다양하게 발표하고 그와 관련해 간추려진 몇 가지 내용들을 대상으로 투표를 통해 단일한 안을 도출했다.

2시간 가량 진행된 토론에서 학생들은 많은 의견을 내놓았다. 여학생의 립스틱 바르는 것과 관련해서도 '자유롭게 해야 한다'는 목소리와 '학생이니까 너무 과하면 안된다', '아예 금지해야 한다' 등의 다양한 주장들이 쏟아졌다.

결국 학생들의 의견은 '립스틱을 포함해 엷은 화장만 가능하다'로 모아졌다. 그리고 '만약 이를 어기면 아예 모든 화장을 금지한다'는 약속도 내놓았다.

이는 학생들의 놀라운 변화로 이어졌다.

학생들이 스스로 결정을 하고 보니 선생님에게 화장과 관련해 따져 묻는 일이 없어진 것이다.

"선생님, 왜 화장은 안된다고 하는데요?"

"선생님, 이 색깔 바르고 싶은데 하게 해주세요."

학생들의 질문 공세에 시달리며 일일이 답을 하느라 애를 먹었던 일들이 자신들 스스로 논의 과정을 거친 후에는 말끔히 사라졌다.

"너희들이 지난번에 스스로 결정했던 사안이지 않느냐. 너 때문에 학교와의 약속이 허물어지면 안되고 너희 스스로 한 결정에 대해 책임도 져야 한다."

약속을 어긴 학생이 있을 경우 이를 지적해 동의를 얻는 과정도 훨씬 수월해졌다.

청호학부모회 '늘품회' 활동

목포청호중이 혁신학교 활동을 활발히 할 수 있었던 데에는 학부모들의 도움이 매우 컸다.

청호학부모회는 학부모 생활지원단을 운영해 아침 사랑 등교맞이, 점심시간 순회, 3R's 학부모멘토링, 점프학습 등을 운영해 학생들의 교육과 학교생활을 지원했다.

'아침 사랑 등교맞이'는 학부모들이 선생님과 함께 학생들을 반갑게 맞이함으로써 즐겁게 하루를 시작하도록 돕는 활동이다. 학부모들은 오전 7시 40분부터 8시 40분까지 학교 정문과 후문에서 학생들의 손을 따뜻하게 잡아주었다. 학교 선생이 규율 준수를 내세우며 엄한 시선으로 학생들을 주시하던 과거의 관행에서 벗어나 편안하고 즐거운 등굣길이 되는 데 효과가 있었다.

학생들의 반응도 학부모가 참여할 때 훨씬 더 밝고 긍정적이었다. 아이들의 이름을 불러주고 눈맞춤을 하며 용기를 북돋아주면 금세 얼굴이 환해지고 행복한 표정을 짓고는 했다. 학교 특성상 조손가정이 적지 않고 부모님이 계시더라도 경제적으로 넉넉하지 못한 사례가 많아 가정적인 정서와 품이 그리웠는지도 모른다.

교사도 학부모가 참여하면서 의미 있는 시간을 보낼 수 있었다. 교사들만으로 등교맞이를 할 경우 품행이 단정하지 못한 학생이 보이면 엄한 표정으로 주의를 주거나 지청구를 해야 했지만 아무래도 부모님이 함께 하다 보니 정제된 언어를 부드럽게 구사할 수밖에 없었다.

'생활지킴이 점심 시간 순회'는 월요일부터 금요일까지 2인 1조로 학교 내·외의 사각지대를 중심으로 학교폭력 예방활동을 하는 프로그램이다. 학부모가 직접 학교의 이곳저곳을 돌아보고 학생들을 지도할 수 있어서 학교 폭력이 줄어들고 인사 예절을 갖추는 데 도움을 주었다.

학부모 생활지원단 활동은 학생들이 스스로 '쓰레기 버리지 않기'를 실천하는 데 기여했다.

목포청호중은 학교 매점이 있어 쉬는 시간마다 많은 학생들이 이용하는 까닭에 수시로 치워도 쓰레기가 수북이 쌓이곤 했다.

가장 먼저 쓰레기 줍기를 실시한 사람은 학부모로 구성된 생활지킴이였다. 생활지킴이는 학교를 둘러보다 매점 주위에 특히 많은 쓰레기가 쌓인 것을 보고 직접 치우기 시작했다. 학부모가 나서 쓰레기를 줍는 모습을 본 교사들 역시 가만히 앉아 볼 수만은 없었다. 교사들도 틈틈이 매점을 찾아 쓰레기를 치웠다.

학부모 생활지킴이와 교사들의 쓰레기 줍기가 진행되는 사이에 놀라운 변화가 일어났다. 언제부터인가 학생들도 쓰레기를 줍고 있었던 것이다. 학부모나 교사의 지시라든지 강요는 전혀 없었다. 어느 학생이 먼저 줍기 시작했는지 모르지만 한 명이 줍고, 또 한 명, 또 한 명이 동참하면서 언제부터인가 '줍기 문화'가 정착됐고, 매점이 항상 깨끗한 공간으로 자리매김할 수 있었다.

학생회는 전체 회의를 통해 '줍기 문화'를 논의했고 '쓰레기 버리지 않기 운동'을 전개하기로 뜻을 모았다.

학부모 활동 중 눈에 띄는 동아리가 '늘품회'다.

'늘품회'는 '늘 푸른 꿈을 품고 책과 함께 발전하는 모임'이라는 의미다. 책 읽는 부모와 자녀의 독서습관 형성을 목적으로 2013년 결성됐다. 가정에서 책 읽는 부모의 모습을 보면서 자녀가 자연스럽게 독서습관을 형성하고 이를 바탕으로 온 가족이 더불어 책을 읽는 환경을 만드는 데 뜻을 둔 모임이다.

늘품회는 매월 한 차례 독서토론, 인문학 강사 초청 강연, 3R's 학부모 멘토링, 도서관 밤 새우기 '청포도의 밤' 강사 참여, 학부모·학생·교사 합동 인문학 체험, 독서활동 문집 '나눔과 어울림' 발간 등을 진행했다.

늘품회는 '도서관 밤 새우기-청포도의 밤' 행사도 함께 했다. '청포도의 밤'은 도서관에서 1박 2일로 진행하는 전교생 밤 새우기 프로그램이다.

학부모는 그림동화 강사로 참여해 학생들이 책에 대한 흥미를 갖도록 하는 데 앞장섰다. 사전에 선정한 동화를 읽고 책의 내용에 대한 자신의 생각을 발표하고 질문하고 답변하는 토론 활동도 벌였다.

늘품회는 학생들의 인문학체험 활동에도 적극 나섰다. 인문학 체험은 작품을 먼저 읽고 작가의 기념 문학관이나 생가를 찾아봄으로써 이해도를 높이는 시간이다. 작가의 문학작품 전반에 관한 시대적 공간적 배경, 작품과 관련한 일화, 생애 전반에 관한 발자취를 살펴보고 작품의 이해를 높일 수 있어 효과가 적지 않았다.

'학부모 3R's 멘토링'의 효과

늘품회 활동에서 성과가 높았던 역할 중 하나가 '3R´s 학부모 멘토링'이다. '3R´s 학부모 멘토링'은 학부모가 직접 학생들의 교과 공부를 지도하는 프로그램이다. 3R´s는 Reading(읽기), wRiting(쓰기), aRithmetic(셈하기)의 의미를 묶은 표현으로 기초 학력이 부족한 학생들을 대상으로 실시됐다.

늘품회는 매주 두 차례 2시간 동안 대상 학생들에게 학습 지도와 문학작품 읽기를 함께 하면서 수학 능력 향상과 정서적 안정 등에 도움을 주었다.

학부모 멘토링 이전에 학업 능력이 뒤떨어지는 학생들에 대한 지도 방식을 놓고 논쟁이 일기도 했었다.

"아직 책을 읽지 못하는 친구들, 수학을 제대로 못하는 친구들, 글씨를 제대로 못 쓰는 친구들을 어떻게 하면 좋겠습니까?"

"수업시간에 들어와 있어도 진도를 따라오지 못해서 지도에 어려움이 있습니다." "그럼 어떻게 하면 좋겠습니까?"

"얘들을 별도로 지도해야 하지 않겠습니까?"

"그러면 그건 낙인 효과로 아이들이 어려울 수 있습니다. 다른 방안을 찾아봐야 합니다."

"그러면 6교시 끝나고 아이를 별도로 가르치는 것은 어떻습니까?"

"그렇지 않아도 아이들이 학교를 힘들어하는데 방과 후에 또 가르친다면 효과가 있겠습니까?"

"학부모님들의 도움을 받는 것은 어떻겠습니까? 함께 고민해보면 해법이 있을 듯도 합니다."

교사들의 제안을 받은 학부모님들은 선뜻 동의해주셨다.

학교에서는 일단 실험적으로 수업을 진행했다. 수업은 방과 후가 아닌 정식 수업시간을 이용해 진행됐다. 학부모님은 열정적으로 학생들을 지도해주었다.

학부모가 수업시간에 학생들을 지도하면서 많은 변화가 생겼다. 교사의 질문에 대답을 잘 하지 않고 무관심했던 아이들은 따뜻한 마음으로 다가서는 학부모에게 마음을 열기 시작했고 조금씩 소통과 공감대를 넓혀갔다. 수업 시간에 빠지는 일이 없어지고 표정이 밝아졌으며 자기 표현력이 향상되고 자존감이 높아지기까지 했다.

학부모 역시 처음에는 학생들과의 관계 설정이나 눈높이를 맞추는 일에 어려움을 겪기도 했지만 차츰 벽이 사라지고 학습에 의욕을 보이는 모습을 보면서 보람을 느꼈다.

특히 놀라운 변화는 학생들의 반응에 있었다. 부모님이 직접 가르친다는 이야기에 창피함이나 자존감을 내세울 줄 알았으나 금방 분위기에 적응한 것이다. 딱딱하고 정형화된 가르침에 익숙한 교사보다 어머니들이 친엄마처럼 다가와 하나하나 섬세하게 가르쳐주는 것이 좋고 라포를 형성하는데도 효과가 컸던 듯했다.

아이들의 학업 성과는 눈에 띄게 높아졌고 거기에서 각자의 성취도에 따라 한 단계 뛰어오른 별도의 반을 운영하기도 했다.

이는 전교조 출범 당시 주장한 3주체론과도 맥이 닿는 것이었다. 교사와 학생, 학부모가 교육의 3주체이며 동등하게 교육공동체를 구성해야 한다고 보는 시각이었다.

'3R's 학부모 멘토링'은 학부모의 적극적인 학교 운영 참여에 주목하는 계기가 됐다. 과거의 학교 비리나 학부모의 치맛바람과 대비되는 형식이고 학교가 민주적으로 운영되는 과정 속에서 중요한 의미를 갖는 주체이기도 하다.

화이트 해커의 꿈을 지원하다

청호중학교 근무 시절 화이트 해커가 꿈인 학생이 있었다. 화이트 해커는 공부와 학업을 목적으로 해킹을 하는 사람으로, 정보보안 전문가라고도 한다.

 이 학생은 전남과학고 입학을 목표로 성실히 공부했다. 틈틈이 동아리활동을 통해 해커와 관련된 지식을 쌓아나가는 것도 잊지 않았다. 성적과 무관하게 자신의 목표를 정하지 못한 채 갈팡질팡하는 친구들과는 대비되는 모습이었다. 학생에게 뜻하지 않은 고비가 찾아온 것은 2학년 재학 중일 때였다. 부모님이 서로 갈등을 겪다 이혼을 한 것이었다.

 학생은 어머님과 생활하기로 했지만 어머니 홀로 가정경제를 감당하기가 어려운 상황이었다. 어머니는 학생이 3학년이 됐을 때 결국 친정이 있는 수도권으로 이주를 결심했다. 하지만 학생은 청호중을 떠나고 싶어 하지 않았다. 오랫동안 정들었던 친구들과 헤어지는 것도 싫고 당초 목표로 삼았던 전남과학고 진학의 꿈도 포기하기 싫었다. 3학년이기 때문에 오래 걸리지 않을 것이라는 점도 전학을 기피하는 이유였다.

 담임 선생님과 어머님은 여러 차례 면담을 통해 대안을 모색했다. 어머님은 아이가 원하는 대로 응원하고 싶지만 지낼 곳이 없다는 점이 가장 큰 걱정거리였다. 뚜렷한 해법을 찾지 못해 고민만 깊어지자 담임 선생님이 나를 찾아왔다.

 "제가 이곳 저곳을 수소문해봤는데 마땅히 머물 곳이 없네요."

 "네. 쉽지는 않겠지만 학생의 마음이 너무 간절한 것 같으니 함께 대안을 찾아보시지요."

 우리는 지역 내 청소년 쉼터나 지원시설 등을 먼저 알아보았으나 마땅히 추천할 만한 곳이 없었다. 한 두 곳의 경우 머물 수는 있었지만 학생이 공부하는 환경과는 맞지 않아 뒷걸음질을 쳐야 했다.

 실마리는 우연한 만남을 계기로 풀어졌다. 어느 날 청호중 인근에 위치한 산정초 교무부장으로 재직 중인 교사를 만나 넋두리처럼 이야기한 것이 해답을 주었다.

"우리 학교에 숙소 문제로 어려움을 겪는 학생이 있는데 도움을 줄 방법이 없어서 안타깝습니다."

"그런가요? 그럼 제가 사용하는 관사에서 머물도록 하면 어떨까요?"

"아, 그게 가능할까요? 선생님도 불편하실텐데…."

"저야 상관없습니다. 제가 교장 선생님께 말씀드리고 허락을 얻어보도록 하겠습니다."

그는 흔쾌히 자신이 머물고 있는 학교 관사를 내주겠다고 말했다. 그리고 곧바로 교장선생님에게 허락을 받아 이 학생이 몇 달간 머물 수 있도록 배려해주었다.

산정초와 청호중의 거리가 멀지 않아 학생은 어렵지 않게 등하교를 할 수 있었다. 나중에 안 일이지만 산정초 교무부장은 자신의 관사를 내준데 머물지 않았다. 틈틈이 학생을 방문해 응원하거나 용기를 북돋아주고 간식을 챙겨주기도 했다.

결국 학생은 전남과학고에 진학해 꿈을 이뤘다. 고등학교 졸업 후에는 고려대에 진학해 전문적인 지식을 습득하고 있다는 소식도 들었다.

화이트 해커의 꿈을 지원한 일은 학생의 돌봄 문제를 생각해보는 계기가 됐다. 청호중이 학교 자체의 힘만으로 해결하려 했으면 힘들었을 문제를 지역으로 확장하다 보니 도움을 받을 수 있었고 마침내 원하는 교육 환경 공간을 확보할 수 있었던 사례였다. 한 학생을 올바로 돌보는 것은 해당 학교만의 문제가 아니라 지역이 함께 고민하고 협력 지원해야 할 일이라는 것을 확인하는 계기가 됐다.

학생 보호는 지역사회가 나서야

청호중학교에 근무하던 중 한 학생이 며칠째 등교하지 않는다는 이야기를 접했다.

담임 선생님을 통해 학생의 가정 환경을 파악해보니 안타깝다는 생각이 먼저 들었다. 언제인지 정확히 알지 못하지만 부모님이 이혼을 했다는 것이었다. 더욱이 학생을 보호하고 있는 아버지는 친부(親父)도 아니었다. 학생은 재혼한 어머니와 함께 살았으나 지금은 양아버지와 지내고 있었다. 그동안 집안에서 무슨 사연이 있었는지는 알 길이 없었다.

학생이 등교하지 않는 이유는 밤 늦게까지 게임에 몰입하기 때문인 것으로 판단됐다. 간섭하는 사람이 없고 학업 성취에 대해 동기부여를 받는 것도 아니다 보니 갈수록 학교와 멀어진 것이 아닌가 싶었다.

다행스러운 점은 아버지의 마음이었다. 비록 친아버지는 아니지만 어떻게든 아이를 책임지겠다는 마음을 갖고 계셨다. 아버지는 경제적으로 어려움을 겪고 있었고 매일 매일 고된 일을 하느라 학생의 공부까지는 마음 쓸 겨를이 없는 듯했다.

"이 학생 문제를 어떻게 해결해야 할까요?"

"글쎄요. 어떻게 해결해야 좋을는지요."

담임 선생님과 오랫동안 이야기를 나눠봤지만 뾰족한 대안이 없어 난감할 뿐이었다.

"음…, 그러면 제가 출근하는 길에 직접 데리고 오면 어떨까요?"

"선생님 바쁘실텐데 일부러 시간 내주실 수 있겠습니까?"

"끝까지는 못하겠지만 얼마 동안 제가 직접 데리고 오면 등교 습관은 생기지 않을까 싶습니다."

"그렇게만 된다면 다행스럽지만…."

"일단 한번 해보도록 하지요."

나는 담임 선생님을 통해 학생에게 아침 몇 시쯤 직접 데리러 가겠다는 연락을 취해놓도록 했다. 사전에 거주지를 확인해 동선을 파악하는 것도 잊지 않았다.

선생님이 직접 데리러 간다는 것이 부담스러운 탓이었을까. 학생은 처음 2~3일 동안은 밖에서 호출하기가 무섭게 뛰어나왔다. 아마 사전에 미리 일어나 등교준비를 하고 있었던 모양이었다.

그런데 그 다음 날은 변화가 생겼다. 아파트 벨을 눌러도 대답이 없고 문을 열려고 해도 꾹 닫힌 채 꿈쩍도 하지 않는 것이었다. 한참 동안 손기척을 통해 문을 두드리고 나서야 집안에서 희미하게 대답 소리가 들렸다.

"학교에 가야지. 준비는 다 했니?"

"…."

"혹시 무슨 일 있는 것 아니냐? 비밀번호를 알려다오."

집안으로 들어가 보니 학생은 화장실에 있었다. 학생은 아직 등교 준비를 하지 않은 상태였다. 나는 30여 분간 밖에서 기다리다 결국 먼저 학교로 갔다. 조금 늦더라도 반드시 학교에 와야 한다는 당부도 잊지 않았다.

먼저 학교에 도착한 후에는 아침에 있었던 일을 토대로 학생 아버님과 전화통화를 했다. 아버님은 학생이 변비를 심하게 앓고 있다고 했다. 약을 먹기도 하지만 일시적일 뿐이어서 평소에도 오랫동안 화장실에 머문다는 것이었다. 육체적인 질병이라기보다 정신적인 스트레스가 원인이 아닐까 싶다는 게 아버님의 설명이었다.

아침 상황을 이해한 나는 다음날에는 더 이른 시간에 학생을 찾아갔다. 학생과 자연스럽게 대화를 하며 안정을 취하고 마음의 여유도 갖도록 해주고 싶었다. 하지만 효과는 거의 없었다. 학생도 스스로 답답하고 선생님에게 미안해하는 모습이 역력했다.

그 학생만을 기다리고 있을 수 없었던 나는 학교로 먼저 오는 날이 잦아졌다. 안타깝게도 그 학생은 출석 일수를 채우지 못해 유급됐다. 학생은 학교 출석일의 3분의 2 이상을 채우지 못하면 유급해야 한다.

이 같은 학생의 사례는 담임 선생님이나 학생부장 선생님의 힘만으로는 해결할 수 없다. 사회복지사나 교육복지사가 관여해 해법을 모색해야 하고 필요할 경우 심리치료도 복합적으로 병행해야 한다는 생각이다. 학교에도 상담사가 있기는 하지만 개별에게 세밀하게 접근하는 데에는 한계가 있는 것이 현실이다.

교육복지사가 필요하다는 목소리도 있다. 학생이 학교 생활에 어려움을 겪다 유급을 하고 검정고시를 선택할 경우 지역사회에서 적절히 보호하고 지도해줄 필요가 있는데 현재는 전문적으로 상담을 받거나 지원을 받을 곳이 없다. 설령 관련 제도가 있다고 하더라도 알지 못하는 부모와 학생들이 많은 게 현실이어서 교육복지사를 통해 해결할 필요가 있다는 의견이다.

학교에서는 혁신학교와 함께 진행된 '마을교육 운동'이 대안이 될 수도 있다. 한 아이를 키우기 위해서는 학교뿐만 아니라 마을까지 나서야 한다는 데서 시작된 프로그램이다. 마을교육이 활성화되면 학생이 공부를 더 하고 싶을 때 필요한 공간을 마련해주고 집안 형편이 어려울 때 사회적으로 보호를 해주는 역할을 할 수 있게 된다.

그런 측면에서 전남의 교육은 희망이 있다고 할 수 있다. 아직까지 공동체가 살아있고 지역 교육의 영역에서 마을과 함께 호흡할 수 있는 새로운 시도들이 충분히 가능하기 때문이다.

수업 혁신, 배움의 공동체

목포청호중에서 수업 혁신은 다양한 방식으로 이뤄졌다.

수업혁신의 대표적인 사례는 '배움의 공동체'였다. 배움의 공동체는 학생들의 협력을 바탕으로 한 수업 혁신이다. 학생들이 집단 내에서 스스로 협력해서 배우며 성장할 수 있도록 하드는 데 초점을 두고 있다.

일반적으로 수업 공개를 하면 교사가 수업 과정을 잘 짰는지, 학생들의 호응도는 어느 정도인지를 보지만 당시 수업 혁신의 핵심은 '학생들이 어떻게 참여하고 있느냐'에 있었다. 한 조에 4명이 있을 경우 이들이 어느 과제를 가지고 어떻게 참여했는지를 들여다보는 것이다.

학생들은 수업 과정 중 어느 부문에서 가장 활기차게 움직였고 어디에서 별다른 반응 없이 있었는지, 또 선생님의 수업에는 아예 집중을 하지 않고 해찰을 하는 경우는 없었는지 등을 평가하는 것이다.

교사들은 이를 바탕으로 자체 융합 수업을 실시하기도 했다.

국어 선생님이 훈민정음에 대한 내용을 설명하면 역사 선생님이 그와 관련된 역사적 배경이나 의미 등을 설명해주는 방식이다. 융합수업은 학생들이 각각의 주제를 보다 입체적인 시각으로 접근하는 데 도움을 주었다.

[학습주제]
1. 시대적 배경이 문학작품에 어떻게 반영되었는지 알 수 있다.
2. 당시 상황에 대한 자신의 의견을 정리하여 발표할 수 있다.

※ 다음 글을 읽고, 학습활동을 해 봅시다.

글1) 한번은 상준이 녀석과 어떡하다 쌈이 붙어서, 때리고 제기고 하는 참이었다. 그러는 참인데, 느닷없이 "고랏! 조셍고데 겡까 스루야쓰가 이루까."(이놈아! 조선말로 쌈하는 녀석이 어딨어.) 하면서, 구둣발길로 넓적다리를 걷어차는 건, 정신없는 중에도 뼘박 박 선생님이었다. 이렇게, 뼘박 박 선생님한테 제일 중한 벌을 받는 것이 무엇이냐 하면, 조선말로 지껄이다 들키는 때였다.

글2) 강 선생님은 그와 반대로 아무 시비가 없었다. 교실에서 공부를 할 때 외에는 그리고 다른 선생님 ― 그중에서도 교장 이하 일본 선생님들과 뼘박 박 선생님이 보지 않는 데서는, 강 선생님은 우리들한테, 일본 말로 말을 하지 아니하였다.

글3) 뼘박 박선생님은 미국을 침이 마르도록 칭찬을 하였다. 이 세상에, 미국같이 훌륭한 나라가 없고, 미국 사람같이 훌륭한 백성이 없다고 하였다. 우리 조선은, 미국 덕분에 해방이 되었으니까, 미국을 누구보다도 고맙게 여기고, 미국이 시키는 대로 순종을 하여야 하느니라고 하였다.

〈활동1〉
글) 1, 2와 글) 3의 시대 변화에 따라서 박 선생님의 태도가 확연히 달라진 이유는 무엇 때문일까요?

〈활동2〉
만약 내가 위의 글과 같은 시대적 상황에서 살고 있다면, 나는 박 선생님과 강 선생님 중, 어떤 삶을 선택할지 생각해보고 친구들과 이야기 해 봅시다.

[청호중 3학년 국어-역사 통합수업 학습지 사례]

융합수업과 함께 '거꾸로 수업'도 병행됐다. 교사가 학생에게 질문이나 과제를 주면 예습을 한 후 친구들 앞에서 발표하고 토론하는 시간을 갖는 방식이다. 교사는 학생들의 논의 과정을 지켜보며 함께 고민해 볼 수 있는 지점이나 결론에 도달하는 과정을 적절하게 지원하고 안내하는 역할을 하게 된다.

이 과정에서 교사들은 '수업혁신 연구회'를 만들어 운영했다. 젊은 교사를 중심으로 결성된 수업혁신연구회는 수업과 관련해 다양한 연구를 진행하고 그 결과를 발표하는 자리를 갖기도 했다.

수업혁신, 배움의 공동체를 진행하며 해결해야 할 과제도 제기됐다.

교육과정의 재구성을 통해 교육과정-수업-평가를 통일해야 하고 주제 통합 프로젝트를 공식적인 교육과정 내에 도입해 수업의 질을 높여야 한다는 점 등이 그것이다.

숨 쉬는 학교가 교육의 질을 담보한다

목포청호중에서 진행된 배움의 공동체 핵심은 학생 중심 교육 활동을 가져야 된다는 것이다.

나는 과거에는 학교에서 학습지를 주면 그대로 사용했으나 청호중 때부터는 직접 만들어 활용했다. 학생 중심의 교육 활동을 하는 데 그에 적합한 학습지가 필요하다는 판단 때문이었다. 학생들의 문화가 학년별로 다르고 다른 학교 학생들과도 차이가 있어 그 문화나 학습 속도에 맞도록 좀 더 쉽게 담아낼 필요성이 있다는 생각도 있었다.

과학실에서 4인 모둠형태로 진행한 수업은 학습 활동자인 학생들의 활동력을 어떻게 하면 더 높일 것인가에 초점이 맞춰졌다. 일반적으로 내가 15분 가량 학습의 의미에 대해 먼저 이야기하고 몇 가지 질문을 받은 후 학생들 스스로 협의하고 푸는 과정을 거치는 방식이다. 수업은 학생들이 활동했던 내용을 발표하고 질의 응답 시간을 갖는 것으로 마무리 짓게 된다.

개인적으로는 수업적 교감이 중요하다고 생각한다. 학습과정 중 실험 탐구 활동이나 발표 수업을 하면 그것을 바탕으로 인터넷 검색과 같이 다른 형태의 수업 방식을 결합시키는 방식이다. 이는 상당한 교육적 효과로 나타난다. 획일적인 교육 방식을 벗어난 새로운 형태가 개입되고 자신들이 흥미를 갖고 있는 영역까지 더해진다면 학생들은 자연스럽게 흥미를 갖게 되고 더욱 깊이 있게 수업적 교감을 나눌 수 있다.

공개수업의 효과도 적지 않다. 목포청호중에서는 많은 교사들이 수업을 공개하고 있다. 공개수업을 하면 교사에게는 부담이 되지만 학생들은 긴장을 하고 수업에 더욱 집중하는 모습을 보인다. 주변에 다른 사람들이 지켜보고 있다는 점을 의식하기 때문이다. 이에 따라 공개수업의 효과에 대해 긍정적으로 평가하는 교사는 틈틈이 이 방식을 활용하고 있다.

문제는 교사들의 수업시간이다. 학생부장은 주당 10시간으로 학교에서 가장 적은 편이다. 하지만 적은 시간에도 불구하고 수업을 준비할 시간은 많지 않다. 그럼에도 불구하고 일반적으로 17시간에서 18시간은 기본이고 심지어 22시간까지 수업을 해야 하는 교사도 있다. 하루 4시간, 5시간 수업을 하게 되는데 그럴 경우 수업 준비를 아예 하지 못한다고 봐야 한다. 관성처럼 정해진 지식을 일방적으로 전달하는 형태에 그칠 수밖에 없기에 교사와 학생 모두 피해를 입는 셈이다.

이는 학교가 행정을 중심으로 한 구조로 된 데에도 원인이 있다. 행정력을 바탕으로 수업이 그 하부 단위에 놓이다 보니 교육 현실과 어긋난 결정이 버젓이 이뤄지는 것이다. 학교 교육 구조는 수업이 중심이 되고 행정이 지원해야 바람직하다. 학생들의 수업을 앞세운 학교구조가 돼야 교육이 바로 서는 것이다.

양질의 교육을 담보하기 위해서는 학교가 자유롭게 숨을 쉬어야 하고 교사에게 힘을 줘야 한다.

이를 위해 가장 필요한 일은 중학교에서 7교시 수업을 없애는 것이다. 7교시 수업이 진행되기 시작한 것은 토요일이 휴무로 바뀌면서부터다. 토요일 수업을 주중으로 포함시키면서 일주일에 3일 가량 7교시 수업이 진행되고 있는데 이날은 교사도 지치지만 학생들도 집중을 하지 못한다. 하루종일 쉴 틈이 없으니 당연히 교육 효과는 떨어지고 그냥 시간 수 채우는 데 그치고 마는 것이다.

한 여교사가 자신이 꾸준히 학생들과 쪽지상담으로 교감한 자료들을 보여줘서 깜짝 놀란 적이 있었다. 수업과 각종 업무로도 하루가 짧았을 텐데 매 순간 학생들이 활동한 모습을 놓치지 않고 기록한 내용과 그들의 고민에 대해 소통한 내용을 정리하는 데에는 엄청난 노력과 시간이 필요했을 것이다.

대부분의 교사는 지쳐 있다. 지친 교사는 학생들과 교감이나 소통에 어려움을 겪을 수밖에 없다. 학생들 역시 감정 조절에 어려움이 생기고 친구와의 사이에서 정제되지 않은 언어 사용이나 다툼으로 이어질 수 있다.

개인적으로는 중학교의 경우 하루 4시간 이상 교사에게 수업을 시켜서는 안된다는 생각을 갖고 있다. 많은 수업으로 부담을 안겨주지 않아야 충분한 수업 연구 시간을 갖고 양질의 교육을 제공할 수 있을 것이다.

교사의 헌신적 희생이 없다면

목포청호중학교가 학교 혁신과 관련해 많은 활동을 하며 성과를 거둔 바탕에는 학생과 학부모의 참여도 중요했지만 교사들의 헌신적인 희생과 노력을 빼놓고는 이야기할 수 없다.

교사들은 무지개추진팀 협의회의, 학년협의회, 교직원 회의 등 각종 회의가 적지 않은데다 수업 연구, 학부모 생활지원단과의 협업이 겹치다 보니 정신적으로나 육체적으로 힘들 수밖에 없었다.

언제인가 목포청호중으로 초임 발령을 받아 근무하던 젊은 교사가 직접 찾아와 저녁에 소주를 한 잔 하자고 하신 적이 있었다. 표정을 보니 무엇인가 하고 싶은 이야기가 있는 것 같아 저녁 시간으로 약속을 잡고 장소에 나갔다.

처음에는 편한 일상을 소재로 이야기를 나누며 분위기를 띄웠다. 그렇게 권커니 잣거니 몇 차례나 술잔이 오갔을까. 젊은 후배 교사가 잠시 말이 없더니 주루룩 눈물을 흘리는 것이었다. 나는 놀라 이유를 물으려다 그만두었다. 그가 굳이 말하지 않아도 하고자 한 이야기를 모두 알 것 같았기 때문이다.

아마도 무척 힘들었을 것이다. 학부모 민원도 있었을 테고, 학생들도 선생님 말씀을 듣지 않고 존경심 대신 대드는 사례까지 있었을 것이었다. 첫 근무지였던 만큼 의지나 열정도 뜨겁고 아이들과 함께 하고 싶었던 일도 많았을텐데 되돌아오는 게 좌절감이나 허무함일 때 자신을 추스르기가 얼마나 힘든 일인지 잘 알고 있었다.

목포청호중이 첫 발령 학교였던 또 다른 한 교사는 다른 학교로 전근을 간 후 자신의 경험을 글로 밝힌 적이 있었다.

그는 초보인 자신이 감당하기엔 모든 것이 버거웠다고 했다. 회의는 또 어찌나 많았던지…. 한 번 회의가 열리면 끝도 없이 이어졌고 마치 한 해를 청호에 바치는 느낌으로 살았던 것 같았다는 게 그의 소감이었다. 하지만 그는 자신은 아무것도 아니라고 했다. 자신은 한 해만 바치는 느낌이었다면 함께 청호 무지개 학교에 근무하셨던 선배·동료 선생님들은 마치 그분들의 인생을 학교에 바치는 느낌을 받았다는 것이다.

그는 '저는 너무 힘들어서 도망쳐 나왔지만 무지개 한 번 띄워 보겠다며 그곳에 머무르며 고군분투 하시는 선생님들을 보면 절로 고개가 숙여진다'고 하였다. 그러면서도 '정말 힘들었지만 그 안에 추억도 보람도 행복도 무지 많았다'고도 하였다.

그 교사가 밝힌 글처럼 목포청호중 교사들은 마치 '인생을 바친' 것처럼 열심히 활동했다.

무지개추진팀 협의회의는 학교 여건상 수업이 끝난 이후 시작될 수밖에 없었다. 교육 과정 운영상 회의 시간을 빼기가 쉽지 않았고 주변의 눈치가 보이는 것도 사실이었다.

늦게 시작한 회의는 그만큼 늦게 끝날 수밖에 없었다. 교사들은 회의 안건에 대해 열정적으로 참여해 다양한 의견을 제시했다. 이 회의를 통해 학교가 어떻게 돌아가는지 알 수 있을 뿐만 아니라 무엇을 계획하고 추진할 것인지에 대한 깊은 이해가 가능했다. 한 번 모여서 회의를 시작하면 밤 9시, 10시를 훌쩍 넘기기 일쑤였고 집에서 다음날 진행될 수업까지 준비하다 보면 새벽시간이 되는 경우도 많았다.

한 교사는 "무지개추진팀 협의회의를 거치면서 학교의 일원으로 일하고 있다는 소속감이 느껴져서 학교에 대한 애정이 깊어지고 스스로 할 수 있는 역할은 무엇이 있을까에 대해 고민하게 됐다"는 말을 하시기도 했다.

목포청호중은 나의 성장에도 커다란 의미가 있는 학교다. 혁신학교의 모델을 열정적인 동료교사들과 함께 직접 실행하며 성과도 실수도 힘겨움도 겪어보았다. 협력교육이 무엇인지, 어떻게 가능한지 배울 수 있었으며 이를 통해 교육의 방향에 대한 큰 그림이 잡혀가는 시기였다.

학생부는 학생들을 지원하는 곳

목포청호중에서 남악에 위치한 오룡중학교로 발령을 받은 해가 2019년이었다.

하지만 그 해는 전교조로 파견을 가야 했기에 본격적으로 근무할 수 있었던 시기는 2020년이었다.

오룡중학교에 출근을 시작한 후 교장 선생님이 제안한 보직은 학생부장이었다. 학생부장은 교사들이 기피하는 업무 중 하나다. 학교폭력이나 수업, 생활교육 등에서 민원이 자주 발생하는데 이 문제를 해결해야 하는 사람이 학생부장이기 때문이다. 일반적인 교육활동을 빼고 별도로 조사를 하거나 그 결과에 따른 뒷감당도 해야 해서 선뜻 받아들이기 쉽지 않은 일이다.

나는 처음에는 학생부장의 경험이 없어 조금 망설였지만 '누군가는 해야 하는 일'이라는 생각에 순순히 그 제의를 받아들였다.

우선 학생부는 학생들을 처벌하는 곳, 훈육시키는 곳이라는 이미지를 바꿔보고 싶었다. '학생부는 학생들을 지원하는 곳'이어야 한다고 생각했다. 학생의 생활 교육을 도와주는 곳이고 학생들이 어렵거나 힘든 학교 생활을 호소하면 같이 공감하고 풀어가는 역할을 하는 곳이어야하지 않냐고 학생부 선생님들과 이야기를 나누었다.

이것은 혁신학교 마인드의 핵심 내용이기도 했다.

학기 초에 학생부장을 맡은 지 3주나 됐을까. 코로나19 팬데믹이 확산되면서 우리의 일상과 교육환경에 큰 변화를 불러왔다.

전체 18학급의 규모의 학생들을 대상으로 발열 검사를 해야 했다.

학생부는 보건 선생님과 함께 학생들의 열을 체크하고 정상 체온에서 벗어난 경우 지침에 따라 코로나 검사를 실시토록 지도했다.

특히 당시 기간제 교사 한 분과 시간제 교사 한 분의 헌신적인 노력과 팀워크가 돋보였다.

발열 검사를 하는 카메라가 느닷없이 고장이 난다거나 정상 온도를 웃도는 학생이 있을 경우 적절한 보건 조치를 해야 하는데 그 과정에서 엇박자를 내는 일이 없이 순조롭게 업무를 진행했다.

급식 지도도 중요한 업무 중 하나였다. 학생들 간에 일정한 거리를 유지하고 투명한 재질의 칸막이를 세우는 등 번거로운 일을 감당해야 했다.

두 교사는 보건 업무를 함께 진행하면서 학생부 일에 대해서도 많은 것을 생각하는 계기가 되었던 모양이다.

교사들은 학생부가 학생들을 처벌하는 곳으로만 알았다고 했다. 많은 학교의 학생부 업무는 교칙을 위반하거나 품성이 바르지 못한 학생들을 처벌하고 징계하는 풍경이 일상적이었다. 하지만 오룡중에서 근무하며 학생부가 아이들을 지원하고 지지하면서 학교생활을 잘할 수 있도록 만들어 주는 공간이라는 점을 깨닫게 됐다고 했다. 학생부가 학생들을 위해 무엇을 해줄 것인가 끊임없이 소통하고 토론하고자 했던 점도 긍정적으로 평가했다.

학생부 교사들 모두 아이들 지도에 적극적이었으며 서로 팀워크도 잘 맞아서 힘듦보다는 보람이 크다는 이야기에 나도 자주 감동하였다.

코로나19 이후 학교 풍경

코로나19가 장기화되면서 학교는 학생들을 학년 별로 시기를 조정해 등교하도록 형태를 바꾸었다. 1학년부터 3학년까지 한 주씩 등교하거나 코로나19가 주춤하다 싶으면 2개 학년이 등교하는 방식이었다.

학생들이 이 같은 불편을 겪은 가장 큰 이유는 많은 학생 수에 있었다.

학교 교실은 보통 각각 20평으로 짓는데 이는 학생 수 20명을 정원 기준으로 한 것이다. 하지만 오룡중의 경우 학급당 30명이 넘었다. 한 교실당 20명이 1m 간격으로 있을 수 있도록 한다는 방침이 유명무실해진 셈이다. 정부는 코로나19에 대응해 학생들이 1m 간격을 유지하라고 했지만 이는 지켜질 수 없는 것이었기에 학교 측은 부득이 학년별로 나눠 학생들을 등교시키는 진풍경이 펼쳐진 것이다.

학교 식당도 비정상적으로 운영할 수밖에 없었다. 투명 플라스틱으로 칸막이를 설치하고 거리도 유지해야 해서 학년별로 나눠 식사를 하도록 했다.

코로나19의 지속적인 확산은 학교 교육을 결국 비대면으로 전환시켰다. 대부분의 학교는 비대면 교육을 위한 대비가 제대로 되지 않아 많은 어려움을 겪었다.

오룡중은 그나마 코로나19에 대응을 잘한 편이었다. 당시 교장 선생님이 학생 교육에 열정적이어서 학생 개인별 온라인 아이디를 일일이 만들어 오신 것이었다. 교장 선생님의 발 빠른 대응 덕분에 학교는 온라인 클래스를 운영하면서 안정적인 형태로 비대면 수업을 진행할 수 있었다. 교육 환경 변화에 빠른 대처가 얼마나 중요한지 보여주는 사례이기도 했다.

하지만 비대면 교육은 학습의 격차를 심화시키기도 했다.

급격히 학습 역량이 떨어지거나 자신의 수준을 그대로 유지하는 학생이 있는 반면 실력이 나아지는 학생도 있었다.

아무래도 비대면이다 보니 대다수 학생들이 학습에서 소외되는 경우가 많아 학교로서는 고민이 깊을 수밖에 없었다. 선생님이 온라인으로 수업을 진행하면서 학생들의 일거수일투족을 살필 수 없게 되자 공부에 흥미가 떨어진 학생들은 이 점을 이용해 다른 곳에 해찰을 하는 경우가 많아진 것이다.

교사의 눈에는 온라인으로 제출된 학생들의 숙제만 보더라도 금방 알 수 있었다. 선생님이 낸 문제를 알고 정리한 자료와 전혀 모른 채 대충 흉내만 낸 자료가 한눈에 구별되었다. 이는 각 가정의 교육환경과도 밀접한 관련이 있다고 할 수 있다. 가정에서 양육자의 관심과 지도 아래 수업을 받는 학생들이 그렇지 못한 학생에 비해 교육 효과가 클 수밖에 없었던 것이다.

교사의 입장에서는 '세상이 변할 때 개인의 사회·경제적 환경에 따라서 교육환경의 차이로 차별이 발생할 수 있다'는 것을 실감하게 됐고 '이것을 극복하기 위해서는 어떻게 해야 할 것인가'에 대한 고민이 커지는 계기가 됐다.

비대면 교육의 득과 실

코로나19는 학교 교육에 큰 변화를 몰고 왔다. 교육 현장에서 가장 눈에 띄는 변화는 비대면 수업이다. 코로나19 팬데믹을 겪으며 비대면 수업이 새로운 패러다임으로 자리잡았고 일회성이 아닌 지속가능한 교육방식으로 자리잡을 가능성이 높다는 전망까지 제기됐다.

온라인 강의는 학생들이 자율적으로 학습할 수 있는 기회를 제공해 자기주도 학습능력을 키울 수 있도록 도움을 준다는 점이 장점으로 꼽혔다. 하지만 교사와 학생 간의 소통 부족이나 기술적으로 접근성이 낮은 학생들은 오히려 소외될 수 있다는 점은 우려스러운 부분으로 지적됐다.

실제로 시행 초기에는 어려운 점도 많았다. 학생 중 일부는 가정에 컴퓨터가 없어 대책을 마련해야 했다. 학교에서는 가정에 컴퓨터가 없는 학생들을 학교로 등교시켜 교육을 받도록 했다. 학생들 간에 일정한 거리를 유지시키는 일은 필수적으로 준비한 과정이었다.

학교에서 비대면 교육을 받는 학생은 한계점도 안고 있었다. 이들은 학교 수업을 마치고 집으로 돌아가면 다시 피드백을 할 수 있는 엄두조차 낼 수 없는 상황이 되는 것이다.

비대면 교육에서 사회 경제적 형편이 어려운 학생들의 소외 문제가 대두되었다. 학교나 지역사회가 이들을 위한 공간을 어떻게 만들어줄 것인지, 코로나19뿐만 아니라 다른 유사한 상황이 빚어졌을 때 어떻게 대처할 것인지에 대한 질문을 남겼다.

이와 관련한 대안의 좋은 사례로 소규모 학교를 눈여겨 볼 만하다.

코로나19 팬데믹 상황에서 60명 이하의 소규모 학교는 한 번도 비대면 교육을 실시한 적이 없다. 학교 공간에 비해 학생 수가 적은 만큼 서로 일정한 거리를 유지할 수 있고 선생님과 소통도 곧바로 이뤄져 교육적 효과가 높다.

비대면 교육으로 인한 학교 성적도 학생 간 차이를 나타냈다. 학원을 다니거나 자기 주도 학습이 체계화된 학생들은 실력이 신장된 반면 그렇지 못한 경우에는 대체적으로 성적이 떨어진 것[1]이다.

코로나19로 인한 학생 간 성적 격차는 학교라는 공간을 재인식하는 계기가 됐다.

교사와 학생이 대면을 통해 적절히 소통하며 공부하는 방식이 학업 성취에 도움이 된다는 사실을 확인하게 된 것이다.

---

[1] 신종 코로나바이러스 감염증(코로나19) 발생 후 하위권 고등학생들의 수학 성취도가 크게 떨어졌다는 연구 결과가 나왔다. 상위권과 중위권 학생의 성취도는 큰 차이가 없었던 반면, 하위권 학생은 성취도 하락 폭이 커 코로나19로 인한 학습 격차 우려가 현실화됐다는 지적이 나온다. 연구진은 "코로나19가 하위권에게 완충 지대 역할을 해왔던 학교교육의 기능을 마비시켜 하위권 학생을 중심으로 학습결손 문제가 발생했다"고 분석했다.
코로나19 첫해인 2020년과 이전 해인 2019년 '국가수준 학업성취도평가' 결과 수학 척도점수 평균은 2019년 148.42점, 2020년 146.68점으로 1년 사이 1.74점 하락했다. 특히 중상위권보다는 하위 10%에 해당하는 학생들의 평균 점수가 크게 하락했다. 하위권의 점수는 2019년 122점, 2020년 113점으로 9점 하락했다. 반면 같은 기간 상위권 10%에서는 171점에서 172점으로 1점 올랐고, 상위 50%는 150점에서 149점으로 1점 줄었다.(…)
[2022년 12월 5일, 베리타스알파 〈'코로나' 수학 학습격차 커졌다…하위권 성적 하락 뚜렷〉 보도 인용]

학교 현주소 돌아보는 계기로

코로나19 팬데믹은 비대면이라는 단순한 교육 방식을 넘어 학생들의 생활과 사회적 관계에까지 영향을 미쳤다.

이는 학교도 예외가 아니었다. 교직원이나 동료 교사들끼리도 대화가 줄어들며 단절이 되고 말았다.

코로나19 이전까지만 하더라도 교사들끼리 어울릴 기회가 많았다. 각종 친목회나 모임 등이 활발했고 이를 통해 다양한 정보를 교환하거나 노하우를 공유하기도 했다. 이는 코로나19가 확산되면서 언감생심 꿈도 못 꿀 일이 됐다. 교사들은 동료 교사와 접촉을 삼간 채 부지런히 학교와 집을 오갈 뿐이었다.

코로나19는 세대와 세대를 단절시키는 계기도 만들었다. 과거에는 경력이 많은 교사와 새내기 교사가 만나 술 한 잔을 하며 교육관에 대해 이야기도 나누고 부딪힘이 있으면 토론을 통해 해법을 찾는 따뜻한 문화가 있었다. 하지만 모두 과거형이 되고 말았다. 코로나19 이후 이러한 문화도 급격히 줄어들었다.

교사들 사이에서도 세대적 특성이 있다. 20~30대 교사나 새내기 교사는 나이나 연륜이 많은 교사들에 비해 좀 더 개별화된 특징이 있다. 이들 교사들은 공통된 시대적·문화적 기억보다는 각자 개성있는 경험과 자유로운 사고방식을 지니고 있는 분들이 많다. 이 같은 특성에 코로나19 팬데믹까지 겹치다보니 교사들의 관계도 개별화되고 단절되는 경우가 많아졌다.

코로나19는 우리에게 많은 교훈을 남겼다.

가장 눈에 띄는 점은 학교 교육의 현주소를 되돌아볼 계기를 만들었다는 것이다.

우선 '학교는 환경적으로 준비가 잘 됐는가'를 질문하게 했다. 좁은 교실에 많은 학생들을 모아놓고 제대로 된 수업을 할 수 있는지, 학생들은 충분한 공간 속에서 생활하고 교육을 받고 있는지 등을 재고하도록 했다.

대면 교육과 비대면 교육의 차이를 살펴볼 수도 있었다.

비대면 교육은 장점과 단점이 엄연히 공존하는 수업방식이다. 화상 교육과 회의가 발달하는 전환점도 만들었다. 학교 공동체 형성이나 학생들의 학습 역량 강화 지원 등을 논의의 장으로 끌어들이기도 했다.

이와 관련해 교사들은 비대면의 핵심은 쌍방향이 돼야 한다는 의견이 지배적이었다. 일방적인 전달 방식으로는 만족할만한 교육 효과를 기대할 수 없다는 것이다.

쌍방향 교육의 정원도 15명 이하가 돼야 적당하다는 의견이 주류를 이룬다. 교사가 학생들을 한눈에 살펴보면서 수업을 진행해야 하는데 30명이 넘으면 질문이나 대화가 어렵고 일일이 집중하는지의 여부도 판가름하기 어렵기 때문이다. 학생 수를 줄이기 힘들다면 한 개의 반을 두 개의 그룹으로 나눠 진행하는 방식도 고려해 볼만 하다.

하지만 궁극적으로는 대면교육, 관계교육이 기본이 돼야 할 것이었다.

AI(인공지능)가 활성화 되면서 혹자는 '이를 활용해 배우면 되는 것 아니냐'라고 하는 이도 있지만 지식 교육은 그렇게 단편적인 면만 살펴서 이뤄질 수 있는 것이 아니다. 비대면 교육으로 제대로 된 인간 교육과 성장을 기대할 수 없다. 사람은 서로 만나고 그 속에서 체감하는 다양한 소통과 교류, 문화와 활동을 통해 성장하는 것이다.

코로나19는 교육의 방식이 변하고, 학생들의 관계가 변화하는 과정에서 새로운 형태의 학습과 소통을 만들어냈다. 이제는 또다시 이 같은 일이 발생할 경우 학교 생활에서는 이런 변화를 어떻게 받아들이고, 극복해 나갈지가 중요한 과제가 되었다.

"선생님 친구가 절 괴롭혀요"

오룡중학교에서 코로나19로 호된 신고식을 치른 2020년을 보낸 후 전교조 전남지부장으로 활동하게 돼 학교 현장을 떠났다.

전교조 활동을 마치고 학교로 다시 돌아온 것은 지난 2023년이었다.

학교 교장 선생님은 2020년과 마찬가지로 학생부장을 맡아달라고 했고 나는 고민 없이 그 뜻을 받아들였다.

나는 코로나19로 시행하지 못했던 학생부의 역할을 제대로 실천해보고 싶었다. 학생부가 학생들을 꾸짖고 훈계하는 공간이 아니라 '학교 생활을 돕고 함께 성장하는 곳'으로 자리매김할 수 있도록 노력해야겠다고 결심했다. 이런 의지와 노력이 학생들에게 통했던 것인지 학생부는 가장 부산한 곳이 됐다.

"선생님? 친구 때문에 힘들어요. 이 친구가 나에게 너무 함부로 대하는데 어떻게 하면 좋을까요?"

"선생님? 친구가 내 뒷담화를 하고 다녀요. 쓸데없이 내 신상에 대해 다른 친구에게 옮기는 거예요. 심지어 없는 이야기까지 곁들여서요."

"선생님? 내가 좋아하는 친구가 나보다 다른 친구랑 더 친하게 지내고 있어요."

학생들이 학생부에 찾아와 가장 많이 하소연하는 문제는 교우관계였다. 학교폭력이나 진로, 가정문제를 이야기하는 학생들도 있었지만 그 비율은 매우 미미한 편이었다. 학생부실 바닥에 앉아 "선생님 이야기 한 번 해보세요. 어떻게 해야 돼요?"라며 따지듯 해법을 제시해달라는 학생도 있었고 자신의 억울한 사연을 이야기하다 울분을 참지 못해 눈물을 흘리는 친구도 있었다.

한 학생은 몹시 화가 난 채로 학생부실의 문을 두드렸다. 친한 친구가 자신의 이성 친구와 사귄다는 것이었다.

"내가 이미 사귀는 사람이니 헤어지라고 했는데 못 헤어지겠다는 거예요. 그래서 싸우고 우리 둘 사이도 끝내기로 했어요."

"마음이 아프겠구나? 선생님이 봐도 네가 속상할 것 같다."

"선생님 이럴 땐 어떻게 해야 하죠?"

"글쎄, 속은 상하겠지만 그 친구 의견을 존중해야 하지 않을까?"

"그렇게 일방적으로 양보만 하면 제가 너무 손해잖아요?"

"오랫동안 우정을 쌓아온 친구인데 이성친구 문제로 그 신뢰가 하루아침에 무너진다면 더 아쉬울 것 같다."

나는 어떻게든 둘 사이의 우정이 이어지길 바랐다. 하지만 두 사람은 학교를 졸업할 때까지 화해하지 못했다.

학생들의 친구에 대한 고민과 함께 새로 부각된 문제는 학교폭력이었다. 코로나19로 비대면 수업에 들어갔다가 대면 수업으로 전환된 데다 새 학기가 시작되면서 자연스럽게 고개를 든 것이었다.

당시에 유행한 것은 이른바 '어깨빵'이었다. 서로 빗겨갈 때 일부러 어깨를 부딪치며 시비를 거는 행위다.

"선생님, 저 친구가 어깨를 쳤어요."

"일부러 그러지 않았어요. 그냥 지나가다 스친 것뿐이라고요."

"아니예요. 일부러 그랬어요."

일반적으로 학교폭력 문제가 제기되면 학교는 처벌하는 곳이 아닌 만큼 교육적 관점에서 해결했으면 좋겠다고 한다. 이를 위해 가장 먼저 제안하는 일은 '관계 회복 대화 모임'이다. 피해 학생과 가해 학생, 학부모 모두 한자리에 모여 서로 사과할 일은 용서를 구하고 오해가 있으면 풀어서 유사한 일들이 재발되지 않도록 하는 것이다.

그런데 이 과정에서 동반되는 일이 교사들의 사실 확인 조사다. 확인 과정이 마치 경찰이 범죄를 조사하듯이 진행되기 때문에 교사로서도 불편한 일이 되기 일쑤다.

"너 이런 사실 있었지?"

"없었어요."

"거짓말 하면 안돼. 그때 널 본 친구들이 있단 말야."

"아니라니깐요. 억울해요."

교사가 학생들을 취조하듯 질문하고 학생이 죄인처럼 대답을 하는 방식을 반복할 때마다 적절한 대안이 필요하다는 생각이 든다. 이 같은 방식이 반복되면 교사와 학생의 건강한 관계가 끊어지기 때문이다. 다행스런 점은 학생들을 조사하다 보면 절반 가량은 자신이 한 일을 인정하고 용서를 구한다는 것이다. 하지만 또 다른 절반은 잘못을 인정하지 않기 때문에 서로 상처를 받고 결국 존중과 사랑이 밑바탕이 되어야 하는 사제 관계마저 흐트러지고 만다.

학교폭력에 대응하는 자세

　학교폭력은 교사가 담당해서는 안되는 영역이다. 만약 처벌 위주로 사안을 다루고 형사처벌까지 논의되는 상황이 된다면 전문적 조사기관이 주도해서 사실관계를 파악하는 것이 필요할 것이다.
　교사가 참여할 경우 교육적 효과보다는 처벌을 위한 근거만 될 수 있다는 점도 고려해야 한다.
　하지만 현실은 교사가 진상을 조사하다 보니 학부모와 부딪히는 일이 늘고 있다. 특히 학부모는 아무래도 자식이 개입된 문제이다 보니 객관적이기보다는 학생 편에 서서 목소리를 높이는 경우가 많다.
　한 학생이 친구에게 욕설을 한 사례가 있었다. 욕설을 들은 학생은 장난치지 말라고 했지만 친구는 무시한 채 몇 차례 더 욕을 했던 모양이었다. 욕설을 들은 학생은 마음에 상처를 받았고 결국 학교폭력으로 신고했다.
　"선생님, 우리 아이한테만 왜 그러십니까?"
　학교를 찾은 아버님이 욕설을 한 학생에게 사과할 것을 지시하자 불만 섞인 목소리로 말했다. 아버님은 학교 측이 가해 학생의 편을 들고 있다고 생각한 모양이었다.
　"아버님, 친구들 사이에 장난으로 시작한 것이 지나쳐서 일어난 일 같은데…."

"이건 엄연히 학폭인데 그냥 사과로만 끝낼 문제는 아닌 것 같아요."

아버님은 쉽게 합의하고 물러날 기미가 아니었다. 그때 담임 선생님이 끼어들었다. "아버님, 한 번 보십시오. 저는 어떤 학생도 편견 없이 대하려고 노력하고 있습니다. 되레 가해 학생보다 아드님에게 훨씬 더 정성을 기울였어요."

담임 선생님이 내민 것은 그동안 피해 학생과 나눴던 쪽지 상담 결과였다. 쪽지 상담에는 학생이 그동안 선생님과 나눴던 친구 관계와 생활의 어려운 점 등이 빼곡히 적혀있었다. 아버님은 상담 일지를 보고서야 학교와 선생님을 신뢰했고 학교 폭력 문제도 순조롭게 마무리될 수 있었다.

아버님과 대화를 하는 동안 안타까웠던 일은 일부 학부모들이 교사의 활동에 대해 신뢰를 갖고 있지 못한다는 점이었다. 일단 자녀의 말을 듣고 "아이는 그런 일을 하지 않았다는데 선생님은 왜 그랬다고 하십니까?"라는 식으로 접근하다 보니 신뢰가 먼저 무너지게 되고 교사의 순수성까지 의심하는 것이다.

개인적으로 학교 폭력에 대해서는 접근 방식이 명확히 구별되어야 한다고 생각한다. 단순 폭력이어서 교육적 조치가 가능할 경우에는 학교에 맡기고 형사법으로 해결해야 할 문제라면 입건을 해야 한다는 것이다. 교육적 조치로 매듭지을 수 있는 문제는 학교가 감당하면 될 일이다. 그때의 조사는 조사관이 아닌 교육자로서 학생들의 이야기를 들어보고 그 안에서 해법을 찾아보게 될 것이다. 학교폭력으로 형사처벌까지 고려해야 할 사안을 교사들에게 조사를 하라고 하는 것은 결코 바람직하지 않은 방법이라는 판단이다.

2023년 이슈가 된 학교폭력은 새로운 학교 문화를 만들어보고 싶었던 의지를 꺾는 요인이 됐다. 학생들의 생활교육이나 진로, 친구 관계에 대한 지원과 상담 역할을 서로 협력하면서 제대로 한번 해보자는 마음을 먹었었는데 뜻하지 않은 일들로 계획에 차질이 생기게 된 것이다.

사제동행을 이어가다

오룡중학교에서 의미 있었던 활동 중 하나는 '사제동행 등반'이다.
목포청호중학교에서부터 해왔던 활동으로 학교생활에 적응하기 힘들어하거나 말썽을 부리는 학생들을 중심으로 운영을 하였다.
목적지는 매번 다양하다. 지리산이나 유달산, 달마산 등 이름이 잘 알려진 명산도 있지만 학교 앞에 있는 오룡산도 있다.

1박 2일이나 하루 일정의 사제동행을 통해 기대하는 효과는 잠시나마 학교를 벗어나 자연과 함께하며 힐링의 시간을 갖는 데 있다. 묵묵히 길을 걸으며 땀을 흘리고 목적지에 도착해 성취감을 느껴보는 것은 산에서만 느낄 수 있는 매력이다.

사제간 라포 형성에도 한몫을 차지한다. 함께 길을 걸으며 사소한 대화를 나누거나 식사를 하다보면 '관계'가 쌓이고 '신뢰'가 쌓여 라포가 형성되는 것이다.

목포청호중에서 실시했던 등교맞이 역시 오룡중학교에서도 꾸준히 지속했다.

학생부장의 직책으로 담임을 맡고 있지도 않은 탓에 등교맞이는 학생들의 얼굴을 익히는데 많은 도움을 받을 수 있었다.

등교맞이에서 중요한 원칙은 눈맞이 인사를 해야 한다는 것이다. 학생들의 눈을 봐야 그날그날의 기분이나 상황을 알고 그렇게 소통이 되면 마침내 다가서 주기 때문이다.

"선생님, 어제 누구랑 누구랑 서로 다퉜대요."

"선생님, 방금 오다가 하마터면 교통사고 날 뻔했어요."

학생들이 다가와서 하는 이야기는 단순히 우스개로 넘어갈 소재도 있지만 학교 생활 지도에 보탬이 되는 내용도 많다.

오룡중의 등교맞이는 학교만의 특색있는 문화를 갖고 있다. 시험 기간이나 학생의 날 등 의미가 있는 날에는 먹을거리나 간단한 문구용품을 제공하는 등 다양한 기획프로그램을 시행하는 것이다.

교문 앞에서 자신을 환영해주고 인정해주는 인사와 함께 하루를 시작한다면 학생들에게 분명히 힘이 되리라 믿었다. 하루도 거르지 않고 아이들을 맞이하러 걸었던 등굣길과 아이들에게 받았던 환한 웃음은 나에게도 매일매일 양분이 되었다.

제 삶을 되돌아보면 대표보다는 참모나 집행 실무를 담당하는 것을 더 좋아했고
또 제 역할이 거기라고 생각했습니다.
그런데 어떤 분이 그러더라고요.
언제까지 그렇게 소극적이고 관성에 젖어 있을 거냐고,
해야 할 일이라면 앞장서서 판을 만들어나가는 것이
진정한 운동가가 아니냐 하면서 비판할 때
참 당황스럽기도 하면서 스스로를 뒤돌아보는 계기가 되었습니다.
살아온 삶의 관성을 깨는 그것부터가 새로운 희망을 품을 수 있음을 말입니다.
새로운 전교조를 희망하는 전환기에 옛 옷을 버리고 새 옷을 갈아입는
절실함이 무엇보다 필요하다고 생각했습니다.
내 자신의 변화부터 시작한다는 각오로,
2년간의 전남 대표로서 부끄럽지 않게 나서고자 합니다.(…)

[제20대 전교조 전남지부장 후보 출사표 중]

2부_함께 걷는 길

2장 내 곁에 전교조

전국교직원노동조합과의 인연
영광여중서 시작된 전교조 활동
방학 기간 소파를 바꾼 사연
"내 돈을 돌려받게 해주세요"
'나이스 도입' 정부와 대립하다
교원능력개별평가제도 관련 논란
교사 근무 여건을 개선하고
"라면만 먹고 일하면 되겠습니까?"
경쟁 중심 교육에서 협력교육으로
이주호 교육부장관을 만나고
'어륀지'가 불러 온 영어교육 붐
전남지부장 출마를 결심하다
그렇게 출사표는 던졌는데…
교권 보호 문제 해결에 나서고
교사 자존감 높이는 전문적학습공동체
진정한 교육자치 실현을 위해
전남교육민주노조협의회 결성
참교육실천대회의 참 의미
교원정원 감축 문제 협의
따뜻한 밥 한 끼가 힘이더라
학급당 학생 수가 교육의 질을 가른다
누구나 색색으로 빛나는 교육
여름학기제를 운영한다면

2장 내 곁에 전교조

전국교직원노동조합과의 인연

전국교직원노동조합(전교조)과의 첫 인연은 지난 1989년으로 거슬러 올라간다.

전교조는 지난 1989년 5월 28일 처음 창립됐다. 전교조는 초·중·고 교사 등 교직원들을 구성원으로 하는 진보적 성향의 노동조합이다.

이에 앞서 1987년 민주화 운동이 확산되면서 초·중·고 평교사들이 모여 전국교사협의회(전교협)를 결성했다. 전교협은 세워진 지 1년 만에 전국 평교사의 10%에 이르는 3만 명의 회원을 확보했다.

당시 전남대 총학생회 인권복지위원장으로 활동할 때 전교조 전남지부 창립대회가 대학 내 대강당에서 개최됐다. 행사에는 수많은 교사들이 참여했는데 그 중 모교인 숭일고 선생님들이 대부분 다 오셔서 놀랐다. 숭일고가 사립학교임에도 불구하고 선생님들이 적극 나섰다는 점은 그만큼 전교조의 출범이 절실했던 것으로 보였다.

이에 앞서 1986년에 입시교육으로 고통받던 한 중학생이 '행복은 성적순이 아니잖아요'라는 유서를 남기고 극단적 선택을 택한 일이 있었다. 이를 바탕으로 1989년에는 같은 제목의 영화가 개봉돼 반향을 일으키기도 했다. 이는 사회적으로 큰 파장을 일으켰고 교사와 학생들도 적지 않은 충격을 받았다.

전교조 창립대회에 참가한 선생님들은 한국사회의 현실을 냉철하게 진단하고 대입 중심의 교육정책을 시급히 개선하지 않으면 안된다고 판단했던 것 같다. 전교조 창립선언문[1]에 담긴 '정권의 탄압이 두려운 것이 아니라 아이의 해맑은 눈동자가 두렵다'는 내용에 많은 의미가 함축됐다고 할 것이다.

창립대회에서 낯익은 선생님들과 손을 맞잡으며 짧은 시간 동안이나마 이야기를 나누면서 가슴이 뜨거워지는 것을 느꼈다. 스스로가 사범대에 재학 중이어서인지도 몰랐다. 당시 탄압 속에서도 시대적 고민과 아픔을 이겨나가는 선생님들의 모습이 존경스러웠고 '기회가 된다면 언제든지 함께 하겠다'는 마음이 자연스럽게 생겼다.

더욱이 전교조는 민주노총 소속이었다. 민주노총은 제조업 중심의 광주지역 노동조합협의회, 언론노조, 전교조로 나뉘어 있던 단체를 광주지역노동조합대표자회(광노대)로 묶어 활동해 나갔다. 나는 이 과정에서 주요 사업에 참여했기에 남다른 감정이 있었던 것 같다.

전교조에 대한 정부의 대응은 더욱 반발심을 부채질하고 애틋한 마음을 키웠다.

정부는 전교조를 불법 단체로 규정하고 이듬해 1,465명의 교사를 강

---

[1] (…)우리의 교직원노동조합은 민주시민으로 자라야 할 학생들에게 교원 스스로 민주주의의 실천의 본을 보일 수 있는 최선의 교실이다. 이 사회의 민주화가 교육의 민주화에서 비롯됨을 아는 우리 40만 교직원은 반민주적인 교육제도와 학생과 교사의 참 삶을 파괴하는 교육 현실을 그대로 둔 채 더이상 민주화를 말할 수 없으며 민주주의를 가르칠 수 없다. (…)그러나 보라! 민족사의 대의에 서서 진리와 양심에 따라 강철같이 단결한 40만 교직원의 대열은 저 간악한 무리들의 기도를 무위로 돌려 놓을 것이다. 우리가 두려워 하는 것은 저들의 협박과 탄압이 아니라 우리를 따르는 학생들의 해맑은 웃음과 초롱초롱한 눈빛 바로 그것이기 때문이다.(…)
['전국교직원노동조합 창립선언문' 중]

제 해직했다. 이때부터 전교조는 비합법 노동조합으로 활동을 시작했다.

전교조가 합법화된 것은 1999년 1월 6일이다. 교원의 노동조합 설립 및 운영 등에 관한 법률이 국회에서 의결된 날이었다. 전교조는 같은 해 7월 1일 조합원 6만 2,564명으로 노동부에 설립신고서를 제출했고 다음 날인 2일 고용노동부가 설립신고를 수리해 신고증을 교부했다. 국민의 정부 이해찬 교육부 장관 아래서 전교조는 결성한 지 10년 만에 합법노조의 길을 걷게 되었다.

영광여중서 시작된 전교조 활동

1999년 11월 1일 영광여중에 출근을 한 이후 '전교조'를 처음 체감한 것은 교장 선생님과 교감 선생님에게 인사를 했을 때였다.

민주노총 조직부장을 맡다 교사로 발령을 받은 이력을 알고 있었던 두 분은 나에 대한 선입견을 가지고 있었던 모양이었다. 더욱이 민주노총은 1996년과 1997년 총파업 투쟁을 전개하면서 상당히 막강한 힘을 가지고 있었고 그만큼 국민들에게 깊이 각인되기도 한 시기였다. 두 선생님은 막연하게나마 내가 상당히 과격하고 투쟁적일 것이라고 생각하셨던 듯하다.

"선생님? 학교 현장은 일반 노동 현장과는 조금 다릅니다."

"…."

"노동자와 자본가 사이가 결코 아닙니다. 잘 판단해주셨으면 좋겠습니다."

함께 점심 식사를 하는 자리에서 두 선생님이 걱정스런 표정으로 말했다. 나는 두 분이 우려하는 지점을 곧바로 알아차릴 수 있었다.

"걱정 마십시오. 저도 학교 현장에서 아이들을 가르치는 관계는 특수한 부분이 있기에 노동 현장에서 사용자와 노동자 관계로 보고 있지는 않습니다."

나는 '학교 현장에서 일하는 동안 충분히 내부에서 소통하고 나눌 방침이니 걱정하지 않으셔도 된다'는 점을 강조해 말씀드렸다. 다행히 두 선생님은 안도하는 모습이었다. 대화를 하며 나에 대해 체감되는 느낌이나 인상이 나쁘지 않은 점도 한몫을 차지한 듯했다.

"험할 줄 알았는데 전혀 아니구만."

"순하게 생겼네. 민주노총 출신 교사가 아닌 것 같아."

동료 교사들도 웃으며 새내기 교사를 환영해주었다.

영광여중에 출근한 지 3~4일이나 지났을까. 전교조 전남지부 영광지회에서 조촐한 환영행사를 개최해 주었다.

이날 영광지회에서는 교사로 새로운 출발을 하는 새내기들을 격려하고 향후 다양한 교육 현안에 대해 적극 소통할 것을 다짐했다.

"지금 여기에 계신 선생님들은 이미 다 전교조에 가입됐습니다. 이의 없으시죠?"

영광지회 소속 선생님의 이야기에 우리는 모두 고개를 끄덕였다. 우리는 그 이야기를 자연스럽게 받아들였다. 전교조는 공간과 시간이 달라도 한 시대를 같이 걸었던 사람들, 교육 현안을 같이 해결하려고 했던 사람들이 모인 단체이고 그곳에 내가 함께 한다는 것은 너무도 당연한 일이라고 생각했다.

방학 기간 소파를 바꾼 사연

여름방학이 끝난 후였을 것이다. 학교에 출근했을 때 갑자기 교감 선생님이 찾아왔다. 얼굴에 어두운 그늘이 드리워진 데다 이맛살까지 찌푸리고 있는 모습을 보아 무슨 일인가 단단히 화가 난 듯했다.

"장 선생님, 잠시 이야기 좀 합시다." "갑자기 왜…무슨 일 있으십니까?"

교감 선생님의 목소리 끝이 가볍게 떨리는 걸 보아 마음이 쉽게 진정되지 않는 모양이었다.

"아니, 이래도 되는 것인지 참…."

"말씀해 보십시오."

교감 선생님은 잠시 망설이더니 작정한 듯 말을 꺼냈다.

"교장 선생님이 갑자기 소파를 바꿨단 말입니다."

"…."

"당장 장 선생님과 학생들의 공간인 과학실 의자를 바꾸거나 낡은 학습 교재 교체 등 시급히 예산을 써야 할 곳이 적지 않은데 나와는 사전 협의 한번 없이 굳이 멀쩡한 소파를 바꾸다니 말이 되는 일이냐고요."

처음엔 어리둥절하기도 했다. 교감 선생님이 다른 교사를 배제한 채 직접 찾아와 이야기하는 의도를 잘 몰랐기 때문이었다. 하지만 교감 선생님과 이야기를 나누면서 금방 눈치챌 수 있었다. 교감 선생님은 교장 선생님을 먼저 찾아가 이런저런 문제점을 이야기했었던 모양이었다. 하지만 교장 선생님과 대화가 잘되지 않았고 되레 갈등이 깊어지자 차선책으로 나를 찾은 것이었다. 민주노총과 전교조 이력이 고려된 판단이었다.

"알겠습니다, 교감 선생님. 제가 한번 이야기를 나눠보겠습니다."

교장 선생님의 '소파 교체'는 학교의 부조리를 처음 접하는 계기였다.

일부의 이야기일 수도 있겠지만 학교에서 가구를 도입하면 전체 금액의 30% 가량을 할인받는다고 한다. 100만원짜리 가구를 구입하면 30만원이 남는 셈이다. 이른바 리베이트인 것이다.

교장 선생님은 현재 몸 담고 있는 학교의 임기가 얼마 남지 않아서 자신이 원하는 학교로 가기 위해 '비자금'을 조성하고자 한 것 같았다. 그 돈을 정확히 어디에 어떻게 쓸 계획이었는지는 모르지만 새 소파 구입비를 고려했을 때 금액이 상당히 컸다.

당시에는 교육청의 굵직한 직위 인사와 관련해 확인되지 않은 소문이 무성하기도 했다. 교육장을 하기 위해서는 얼마를 줘야 하고 또 교장은 얼마, 교감은 얼마를 써야 될 수 있다는 이야기였다. 교장 선생님은 향후 진행될 인사를 위해 돈이 필요했고 교사와 학생들이 없는 여름방학 기간을 이용해 소파를 교체한 듯했다.

나는 교감 선생님을 통해 이 사실을 알았지만 동료 교사들은 이미 모두 다 알고 있는 사안이었다. 교사들은 '교장 선생님이 뒷돈을 챙기기 위해 관행적으로 하는 일 중 하나' 정도로 인식하고 있었다. 하지만 개인이 사사로이 공적인 자금을 활용한 사례를 묵과할 수는 없었다. 나는 '교장 선생님의 소파 교체 문제를 어떻게 처리할 것인가'를 두고 교사 회의를 개최할 것을 제안했다.

교사 회의에서는 이미 구입한 소파를 되돌리기는 어렵다는 의견이 지배적이었다. 사안을 확산시키지 말고 가급적 조용히 처리했으면 좋겠다는 목소리도 많았다.

결국 '소파 교체'는 교장 선생님이 공식 사과하고 재발 방지를 약속하는 선에서 마무리됐다.

학교와 업체간 관행을 알게 된 후부터 학습자재 구입 방법에도 변화가 생겼다.

과학과 관련된 기기와 물품을 구입할 경우 아예 처음부터 업주에게 '30% 할인'을 요청하는 것이다.

"보통 30% 할인해 주시잖아요? 그러니 저희도 깎아주세요." "깎아달라고요?"

"다 그렇게 해주시던데요?"

일부 업주는 교장 선생님의 사전 허락을 확인하는 경우가 있었다. 그때는 교장 선생님에게 직접 찾아가 이야기하게 되는데 모두 고개를 끄덕이신다. 반대할 이유가 없기 때문이다. 만약 업주가 가격 할인이 어렵다고 하는 경우는 과학 도구를 하나라도 더 구입하는 방식을 선택했다.

오랜 시간이 지난 일이지만 학교 시설이나 재정과 관련해 투명하지 못한 예산 집행을 직접 체감했다는 점에서 씁쓸한 뒷맛이 남는 사례이다.

"내 돈을 돌려받게 해주세요"

비슷한 사례는 전교조 영광지회 사무실에 있을 때도 일어났다. 전교조 각종 현안과 관련해 회의를 하고 있는데 전화벨이 울렸다.

"전교조 사무실입니다."

"네. 부탁드릴 일이 있어서 전화했습니다."

"무슨 일이 있으신 건지, 말씀해 보십시오."

전화를 받은 선생님은 메모 준비를 하면서 목소리에 귀를 기울였다.

"다름이 아니고…돈을 좀 받아주셨으면 해서요."

"네? 돈이라고요?"

전화를 받은 선생님은 깜짝 놀랐다. 더욱 놀라운 것은 전화로 도움을 요청한 선생님의 사연이었다.

현행 교육제도에서 교사는 관리자가 부여하는 근무평정을 받게 된다. 같은 근평의 '수'라도 1등수와 2등수에 따라 승진에 반영되는 점수 차이가 크기 때문에 교장·교감을 향한 '충성 경쟁' 뿐만 아니라 교장의 '개인 비서'를 자임하는 교사도 있다는 지적이 제기되기도 했다. 교감 승진을 위해서는 근무평정에서 1등수 세 번을 받아야 대상자가 될 수 있다. 승진 후보자가 되면 자신에게 절대적으로 필요한 근평을 얻기 위해 치열한 신경전과 로비를 벌이는 것이 공공연한 현실이라고 할 수 있었다.

그분은 한 고등학교에서 교사로 재직 중이라고 했다. 교감 승진이 목표였기에 교무부장 등의 직책을 맡아 열심히 활동했다. 1등수 두 번을 받은 교사는 마지막 한 번을 더 받기 위해 교장 선생님에게 뒷돈을 건넨 모양이었다. 스스로 학교를 위해 많은 노력을 했지만 뒷돈을 통해 확실히 1등수를 보장받고 싶었던 것이다. 그런데 이때 문제가 발생했다. 학교로 발령을 받고 온 새로운 선생님이 경쟁자로 등장한 것이다. 그 선생님은 자신보다 더 많은 뒷돈을 교장 선생님에게 건넸고 1등수는 결국 그 선생님 차지가 되고 말았다.

"아니, 그럼 내 돈이라도 돌려줘야 할 것 아니예요?"

"안주셨다는 말씀이세요?"

"네. 깨끗하지 못한 돈이어서 이의 제기를 하지 못할 것이라고 판단하셨는지 도무지 꿈쩍도 하지 않으시네요."

"무슨 말씀인지 알겠습니다. 저희가 한번 연락해보겠습니다."

전교조 선생님은 해당 학교 교장 선생님에게 전화를 걸어 내용을 설명하고 설득해야 했다.

근무평정을 두고 돈이 오갔다는 것부터 말이 되지 않는 일이지만 부탁을 들어주지 않았으면 당연히 돌려줘야 하는 것 아니냐고 말했다. 처음엔 '무슨 소리냐'는 반응을 보였던 교장 선생님은 구체적인 내용을 설명하자 수긍했다. 처음 민원을 제기했던 선생님은 다음 날 다시 사무실로 전화를 걸어 '고맙다'는 뜻을 전해왔다.

이처럼 바르지 못한 비리는 시급히 사라져야 할 폐단이다. 지금은 많이 사라졌겠지만 묵묵히 교단에서 헌신하고 있는 교사들의 사기에도 악영향을 미치기 때문에 인사의 투명성 제고를 위한 제도적 보완장치 등이 시급히 마련돼야 할 것이다.

'나이스 도입' 정부와 대립하다

영광 대마중학교에서 근무하다 전교조 전남지부 정책실장을 맡아 활동한 시기는 2005~2006년이었다.

당시에는 종합교육행정정보시스템(NEIS·나이스)의 도입 여부를 놓고 전교조와 교육부(정부) 간에 심한 갈등을 빚고 있는 상황이었다. 나이스는 전국의 학교와 시·도교육청, 교육부를 네트워크로 연결한 시스템이다.

교육부는 학부모들이 직접 학교를 방문하지 않고 인터넷을 통해 졸업증명서와 성적증명서 등의 정보를 확인할 수 있다는 점, 학생 지도에 필요한 자료가 초등학교부터 고등학교까지 누적 관리되기 때문에 교사들이 효율적이고 체계적으로 학생을 지도할 수 있다는 점을 장점으로 꼽았다. 수작업이나 자료 취합 등에 따르는 시간과 업무량이 줄고, 기초 자료를 실시간으로 제공함으로써 신속한 의사 결정은 물론 신뢰성 있는 교육정책을 추진할 수 있다는 점도 내세웠다.

교육부의 나이스 구축 방침에 대해 전교조는 적극 반대 입장을 밝혔다. 학생들의 개인 정보가 유출될 가능성이 높고 자칫하면 악용될 소지도 있기 때문이었다. 교사의 업무량 증가도 동의하기 어려운 이유 중 하나였다. 특히 정부가 이 시스템을 통해 우리 국민을 감시하고 통제할 수 있다는 점을 들어 반대의 입장을 밝혔다.

교육부는 이후 2005년 전국 16개 시·도교육청을 대상으로 한 설명회와 전국 각급 학교 교감 대상 설명회를 개최했다. 전국 각급 학교를 대상으로 100% 실시된 것은 2006년 3월, 인터넷 학부모 서비스를 시행한 것은 같은 해 9월이었다.

전교조는 나이스 시행을 둘러싼 정부와의 갈등이 오래갈 것으로 예상하지 못했었다.

전교조는 지난 1999년 1월 합법적인 노동조합이 된 이후 조합원 수만 9만여 명에 달할 정도로 엄청난 힘을 갖고 있었다.

하지만 정부와의 갈등이 장기화되면서 전교조로서는 갈수록 힘겨운

싸움이 됐다. 전교조는 정부와 협상 진행 과정에서 몇 차례 수용 가능한 안을 제시받기도 했다. 하지만 내부에서 합의할 수 없는 안이라는 반발이 있어 번번이 좌절될 수밖에 없었다.

당시는 노무현 정부 시기로 정부에 대한 국민의 지지가 높았던 것도 부담이 됐다. '노무현 정부가 국가적으로 해결해야 할 과제가 산적해 있는데 전교조가 발목을 잡고 있는 것 아니냐'는 불편한 시선도 엄존했었다.

교원능력개발평가제도 관련 논란

전교조 전남지부 정책실장을 맡고 있는 동안 현안으로 떠오른 것 중 하나가 교원능력개별평가제도의 실시 문제였다.

교육부는 기존의 교원평가를 개선한 교원능력개발평가제도를 실시하겠다는 방침을 발표했다. 그동안 교원은 근무성적평정제도 중심으로 진행돼 왔고, 평가 결과가 승진을 비롯한 전보, 전직, 포상 등 인사관리 상의 목적으로만 사용돼 왔다는 점을 문제점으로 지적했다. 승진을 위한 기초자료로 활용돼 온 교원 근무성적평정으로는 교사의 전문적 발달에 대한 동기유발 기능을 수행할 수가 없다는 것이었다. 반면 교원능력개발평가제는 평가 결과가 인사관리나 성과급과 연계되지 않고, 공정한 평가를 통한 교원의 지도능력과 전문성을 강화해 학교교육의 질적 향상을 목적으로 운영될 것이라는 점을 강조했다.

하지만 전교조의 시각에서 볼 때 정부의 방침은 '교직에 몸담고 있지만 교육 활동을 잘 못하는 교사들이 있을 수 있으니 이들을 걸러내야 한다'는 데 있었다.

전교조는 새로운 교원능력개별평가제도에 대해 반대의 입장을 밝혔다. 이미 근무평가가 실시되고 있고 교직사회의 문화나 도교육청에서 자체적으로 할 수 있는 부문인데 굳이 전 교원들을 대상으로 실시할 필요가 있느냐고 반문했다.

가장 우려스러운 부문은 교육 활동의 내용을 갖고 서열화를 부추길 수 있다는 데 있었다. 더욱이 교육 활동 결과는 학생들의 성적 이외에는 곧바로 나타나지 않는다는 점을 강조했다. 교사와 학생 관계나 소통도 일정 시간이 경과하면서 조금씩 드러나기 마련인데 그것을 계량화시켜서 평가를 한다는 데 대해 납득하기 어렵다는 주장이었다.

전교조는 정부의 방침에 대해 전면 반대 입장을 밝히고 '학교 자치 평가를 하자'는 대안을 제시했다. '학교 자치 평가를 통해 향후 학교 교육을 어떻게 더 성장시킬 것인가에 대해 고민해야 한다'는 것이었다. 구체적으로는 학교가 자체적으로 평가를 하고 그 자료를 토대로 학생과 학부모, 교사의 의견을 두루 수렴하자는 내용을 담고 있었다. 수렴된 의견은 다음 해의 교육적 문제점을 극복하고 성과로 드러날 수 있도록 힘을 모으는 바탕이 될 수 있다는 것이다.

이와 관련해서는 전교조 내부에서도 의견이 엇갈렸다. '학교 자치 평가' 안에 이미 평가 체계가 들어가 있다는 목소리가 있었던 것이다.

찬반의 목소리가 대립되는 가운데 이 안건을 놓고 전교조 대의원 대회를 개최하게 됐다. 전교조 집행부는 이 안건이 통과되면 정부와 본격적인 협의를 진행할 예정이었다.

결과는 의외였다. 대의원 대회에서 한 표 차이로 부결되고 만 것이다. 이는 전교조 위원장이 책임을 지고 사퇴하는 사태로까지 이어졌다. 전교조 역사상 처음 발생한 일이었다.

이 제도는 지난 2005년부터 '교원능력개발평가'라는 이름으로 시범 운영되기 시작했고 2010년부터는 전국의 단위학교에서 실시되고 있다. 2011년 2월 '교원 등의 연수에 관한 규정'에 교원능력개발평가 관련 조항을 신설, 법적 근거도 강화했다.

교사 근무 여건을 개선하고

전교조에서 다룬 또 다른 현안 중 하나는 단체협약과 관련한 것이었다.

현행 법 테두리 내에서 교사들은 권리차원에서 불합리한 상황을 견뎌내고 있는 것이 현실이다.

우리나라 헌법 제33조 1항에서는 '근로자는 근로조건의 향상을 위해 자주적인 단결권·단체교섭권 및 단체행동권을 가진다'면서 노동 3권을 명시하고 있다.

하지만 2항에서는 '공무원인 근로자는 법률이 정하는 자에 한하여 단결권·단체교섭권 및 단체행동권을 가진다'라며 공무원의 노동3권을 제한하고 있다.

특히 교사의 경우에는 국가공무원법과 사립학교법을 통해 공무원과 같이 단체행동권이 제한된다. 국가공무원법 66조에는 '공무원은 노동운동이나 그 밖에 공무 외의 일을 위한 집단행위를 해서는 안된다'고

규정하고 있다.

이로 인해 서울 서초구 서이초등학교 교사 사망 사건처럼 굵직한 이슈가 있을 경우에도 교사들이 단체로 연가를 내고 집회에 나간다하면 교육부는 엄중 처벌을 예고하기 일쑤였다.

교사에게 파업으로 대표되는 단체행동권이 주어져야 한다는 요구는 전교조뿐만 아니라 노동계의 숙원이기도 하다.

전교조는 단체행동권과 별도로 정부와 단체협약을 실시해 교사들의 근무여건을 일부 개선했다.

대표적인 사례가 교사들의 당직 근무였다. 법 개정과 단체협약 등을 통해 학교 현장에서 사라진 말 중 하나가 '당직'이다. 그러나 당직은 공식적으로만 사라졌을 뿐 여전히 다양한 형태로 학교 현장에서 존재한다.

'방학 중 근무'가 한 예다. 국가공무원복무규정에서 당직은 '휴일 또는 근무시간 외'라고 규정한다. 방학은 당직 업무를 배정할 수 있는 휴무일이 아닌 휴업일이다. 이때 대부분의 교사는 자신이 선택한 연수에 참여하거나 근무조 편성에 따라 정해진 날에 당직성 업무를 하는 것이 현실이다.

이와 관련해 전남은 섬 지역에 근무하는 교사의 경우 많은 불편을 겪어야 했다. 특별히 처리해야 할 업무가 없어도 굳이 학교에 머물며 근무를 해야 했다. 학교 현장에 굳이 있지 않아도 되고 처리해야 할 업무가 있으면 사전에 연락을 취해 등교토록 하면 된다는 목소리가 높았다.

이에 따라 전교조는 학생이 등교하지 않는 날에 무조건 출근해 업무를 처리하는 것은 너무 비효율적이라는 판단 아래 연수기관이나 근무장소 외의 시설 또는 장소에서 연수를 받을 수 있도록 했다.

교사들의 담임수당과 관련한 현안도 협의를 이끌어냈다.

학교 현장에는 월급과 별도로 담임수당, 부장 등 교원 보직수당이 책정돼 지급된다. 담임선생님에게 매달 지급되는 수당은 10만 원이 채 안되는 데 반해 업무량은 크게 늘기 때문에 대부분 기피하는 게 현실이었다.

담임수당은 교사의 노고에 대해 보상하는 것에 그치지 않고 우수한 교사를 유치하고 유지하는 효과도 거둘 수 있다. 보상이 충분하다면 담임교사에게 해당 직위의 가치가 인정된다는 느낌을 주고 사기를 진작시킬 수 있다. 또 교사가 학생의 발달에 더 많은 시간과 정성을 기울이도록 동기를 부여하는 데 도움이 된다.

전교조는 담임수당이 너무 낮은 만큼 비현실적 수당의 인상을 통해 교사의 사기 진작이 필요하다고 목소리를 높였고 결국 이를 관철시켰다.

"라면만 먹고 일하면 되겠습니까?"

목포청호중학교로 발령을 받은 2009년 6월에 전교조로서는 커다란 전환점이 되는 일이 발생했다. 5월 23일 노무현대통령의 서거에 따른 국민의 비탄과 애도 속에 대학교수들과 시민사회단체의 시국선언이 이어지고 있는 시기였다.

이 때 전교조는 무려 1만 6,171명의 교사 명의로 대규모 시국 선언을 했다. 시국선언문에서 서명 교사들은 이명박 정권의 비민주적 행태를 강력히 비판하고 국정을 쇄신해서 국민 신뢰를 회복할 것을 촉구했다.

> ### 6·18 교사 시국선언
> 1. 정부는 공권력의 남용에 대해 국민 앞에 사과하고 국정을 쇄신하라.
> 1. 헌법에 보장된 언론과 집회와 양심의 자유와 인권을 철저히 보장하라.
> 1. 특권층 위주의 정책을 중단하고 사회적 약자를 배려하는 정책을 추진하라.
> 1. 미디어법 등 반민주 악법 강행 중단하고, 한반도 대운하 재추진 의혹 해소하라.
> 1. 자사고 설립 등 경쟁 만능 학교정책 중단하고, 학교운영의 민주화 보장하라.
> 1. 빈곤층 학생 지원 교육복지 확대하고, 학생 인권 보장 강화하라.

교육부는 국가공무원인 '교사들이 공무 외의 일을 위한 집단행위'를 함으로써 국가공무원법을 위반했다는 이유로 간부들을 대거 고발했다. 이에 전교조는 그런 방침이 부당하다며 철회를 요구하는 2차 시국선언을 조직했다. 그러자 검찰은 1차와 2차 시국선언을 모두 국가공무원법 위반 죄목으로 기소했다.

결국 정진후 위원장 등 본부와 지부의 간부 총 93명이 불구속 기소돼 전국의 19개 지방법원에서 형사재판이 진행됐다. 이 사건들은 전주지법과 대전지법을 제외하고 1심 법원 모두에서 유죄판결을 받았다. 이는 다시 고등법원에서도 유죄판결이 나와 모두 대법원으로 넘어갔고 대전지법 사건만 대법원의 전원합의체로 회부되고 나머지는 4인 대법관으로 구성된 소부판결로 유죄가 확정됐다.

2009년 시국 선언으로 인해 전교조 소속 교사 30여 명이 해직되고 현직으로 복귀하지 못하는 불행한 사태가 빚어졌다.

전교조는 집행부를 비워둘 수 없었기에 나를 포함한 몇 명의 교사들이 다시 전교조 업무를 맡게 됐다. 전교조와 대립각을 세웠던 이명박 정부 시절이었기에 누구에게 희생을 요구할 수 없다는 점도 반영된 선택이었다.

전교조 전남지부는 도교육감 선거를 맞아 장만채 전남도 진보교육감 후보를 지원했다.

선거를 지원하는 기간은 분주했다. 후보에게 내세울 만한 정책들을 지속적으로 개발해 공약에 포함시키고 언론 보도 등에도 촉각을 곤두세우면서 향후 일정과 진행 방향을 논의했다. 매일 처리해야 할 업무가 적지 않은 데다 갑작스럽게 대응해야 할 일까지 겹치면 식사는 자연스럽게 뒷전이 되는 경우도 많았다. 전교조에서 지원하는 교사들이 변변치 않은 식사로 대충 때우고 맡겨진 일에만 집중하자 함께 일하던 사람들은 선뜻 이해되지 않는 모양이었다.

"라면만 먹고 일을 해서야 되겠습니까?"

"네. 처리해야 할 일이 많아서요."

"그래도 너무 열심히 일을 하시니 감사하고 걱정스러워서요."

"당연한 것 아닙니까. 우리는 아이들을 위해 교육이 변해야 한다는 소명과 신념이 있고 이를 위해 우리가 해야 할 일을 하는 것뿐입니다."

우리는 '왜 전교조가 이 일을 해야 되는지'에 대해 친절하게 설명했다. 교육의 방향이 미래를 결정한다, 권력의 문제가 아니라 아이들의 교육과 관련된 일이어서 뒷전에 머물러 있을 수는 없었다는 점을 강조했다. 이야기를 들은 주변 사람들은 고개를 끄덕였다. 짧은 시간이었지만 우리의 진정성이 조금이나마 전달된 듯했다.

다행스럽게 장만채 후보가 제16대 교육감에 당선됐다. 새로운 민주진보교육감이 들어선 것이다. 전교조 교사들은 선거를 치른 이후 곧바로 본래 업무로 복귀했다.

장 교육감의 당선은 학교 현장에 새바람을 불러일으킬 것으로 기대됐다. 오랫동안 굳어졌던 관료체제가 무너지고 학교 내에서는 시대의 흐름과 학생 눈높이에 맞는 교육이 실현될 것으로 예상됐다. 무엇인가 긍정적인 변화의 바람이 불 수 있는 행정적·조직적 기반이 형성된 것이다.

더욱 기대감을 높일 수 있었던 요인은 서울과 경기, 강원, 광주, 전남, 전북 등 전국 6개 도시에서 진보교육감이 당선된 점이었다. 전교조로서는 새로운 교육 운동이 확산돼야 할 시점에 의미 있는 선거 결과를 거둔 것으로 판단했다. 나는 장만채 교육감이 당선된 이후 전남교육희망연대 정책실장으로 활동했다.

전남교육희망연대[2]는 목포교육연대, 순천교육희망연대, 화순교육복

---

2) 전남교육희망연대는 2010년 10월 14일(목) 오후 5시, 전라남도교육청 대회의실에서 회원 300여명이 참석한 가운데 창립총회와 출범식을 가졌다.
창립총회에서는 광주전남진보연대 민점기 대표를 포함한 8명의 운영위원을 선출하고, 광주대학교 은우근 교수를 포함한 3인의 감사위원을 선출했다. 상임대표에는 서창호 전 목포대학원장이 선출됐다.

지희망연대 등 전남의 시군지역 교육모임이 참여하고 민주노총과 시민단체연대회의 등 시민사회단체와 교육계 인사들이 회원으로 가입한 단체다.

전남교육희망연대는 학생인권조례제정, 혁신학교 만들기, 교육장 공모제 등 교육행정에 적극 참여하고 전남교육의 민주적 개혁과 교육복지 실현 등을 목표로 활동했다.

경쟁 중심 교육에서 협력 교육으로

나는 2011년 전교조 중앙 정책실장을 맡아 서울에서 2년여 동안 활동했다. 2010년 12월 전남 남평중 다도분교 장석웅 교사가 제15대 전교조 위원장으로 선출됐기 때문이었다.

장 당선자는 "지난 20년 동안 전교조가 저항의 시대, 투쟁의 시대였다면 향후 10년은 전교조가 주장하고 실천해온 참교육을 현장에 확산시켜 국민으로부터 검증받는 시대가 될 것"이라고 강조했다.

서창호 상임대표는 인사말을 통해 "올해 실시된 지방선거에서 6명의 진보교육감이 탄생한 것은 mb식 경쟁교육에 반대하는 교육자치의 큰 성과였다."면서 "오늘 출발하는 전남교육희망연대가 소수 특권 교육에 반대하는 새로운 교육희망을 만들 것"이라고 말했다.
장만채 전라남도교육감은 축사에서 "전남교육희망연대가 때로는 감시자 역할을 하고, 때로는 지원자 역할을 하면서 풀뿌리 교육의 견인차 역할을 해 주길 당부한다"며 전남교육을 개혁하는데 힘을 모아 줄 것을 부탁했다. 임흥빈 전라남도의회 교육위원회위원장은 "창립대회를 계기로 협력과 지원의 교육을 실현할 수 있기를 바란다"고 축사의 말을 전했다.
[2010년 10월 16일 화순투데이 '전남교육희망연대 창립대회 개최' 보도 인용]

새 전교조 위원장 출범과 진보교육감 시대에 눈에 띄는 프로그램 중 하나가 '학교혁신 광주·전남 국제심포지엄'이었다. '새로운 교육 운동을 어떻게 전개할 것인가'가 과제로 대두되고 그 핵심이 혁신학교와 마을 교육운동이라고 판단되면서 국제사회의 최근 교육 동향을 살펴볼 필요성이 제기된 데 따른 것이다. 한국에서 진행되는 경쟁 중심의 교육 정책 폐해가 곳곳에서 드러나 이대로 방치할 수 없다는 우려도 한몫을 차지했다. OECD 국가 중 청소년 행복지수 최하위, 살인적 사교육비와 저 출산율, 세계 최고의 청소년 자살률 등 부정적인 수치가 최고조에 달하던 시점이었다.

학교 현장에서의 자발적 혁신운동은 변화를 위한 첫 실천이었다. 차별 경쟁교육의 문제를 극복하기 위한 노력들이 전남지부 내에서만 20여 개의 연구 모임활동으로 나타나고 있었다. 수업의 혁신, 배움의 공동체를 통해 학교를 바꿔보자는 교사들의 인식과 노력이 가시화되고 있었다.

전교조는 2011년 5월 16일 광주대학교에서 '교육선진국의 학교혁신 동향과 한국교육 혁신의 과제'를 주제로 '제1회 학교혁신 광주·전남 국제 심포지엄[3]'을 개최했다. 전남도교육청, 광주시교육청과 공동으로

---

3) (…)21세기 세계적인 교육개혁 및 학교혁신의 성과를 공유하고, 지속가능한 교육을 위한 국제파트너십 구축. 입시교육과 경쟁교육에서 협력과 배움의 공동체로의 혁신학교운동에 대한 사회적 관심과 교육자의 대중적 실천을 모색하는 계기 마련 등을 목적으로 개혁교육의 롤 모델이 되고 있는 핀란드, 덴마크, 독일의 새로운 학교 만들기에 앞장서온 교육실천가들의 생생한 실천사례를 통하여 우리나라 학교혁신의 새로운 가능성을 찾고 국제적인 소통과 협력을 시작하는 자리다.
이 나라들의 사례는 우리나라 교육 현실과 차이가 있을 수 있다. 그러나 학생과 교사가 학교에서 만나면서 배움이 이루어진다는 사실만은 불변의 공통점이다. 전교조전남지부는 입시교육과 경쟁교육에 지쳐있는 우리의 상황과

마련한 행사다.

국제심포지엄은 보도자료에서 언급한 것처럼 '새로운 학교 만들기에 앞장서 온 교육실천가들의 생생한 사례를 통해 우리나라 학교혁신의 가능성을 찾고 국제적인 소통과 협력을 시작'하는 데 뜻을 뒀다. 특히 그동안 우리 교육이 미국과 영국, 일본의 사례에 주목했던 것에서 탈피해 핀란드와 스웨덴 등의 북유럽 교육[4]을 들여다볼 수 있는 계기라는 점에서 의미가 컸다.

국제심포지엄은 교사들에게 많은 영향을 주었다.

우리에게 그동안 익숙했던 미국식 교육 방식이나 경쟁 중심의 교육에서 벗어나 협력 교육의 중요성을 일깨우는 계기가 됐다. 진정한 경쟁은 친구가 아니라 자기 자신과 하는 것이라는 점을 알게 됐고, 친구와 경쟁보다는 함께 협력하는 것이 훨씬 우위에 있다는 점도 체감하게 됐다.

국제심포지엄 행사는 전남과 광주는 물론 전국을 순회하며 치러졌

여건을 고려하고 창의적으로 변용하여 현실에 적합한 모델들을 만들어 실천하는데 앞장설 것이다.(…)
[2011년 5월 11일 전교조전남지부 '학교혁신 광주·전남 국제심포지엄 학교의 변화와 혁신의 천이 되기를' 보도자료 인용]

4) (…)16일 광주시교육청은 광주대학교 대강당에서 1000여명이 참석한 가운데 '제1회 학교혁신 광주·전남 국제심포지엄'을 개최했다. 이 자리에서는 독일, 덴마크, 핀란드 사례를 공유하고, 광주전남 지역 교사들과 함께 토론회를 가졌다.
독일의 헬레네랑에학교 알베르트 메이어 교사는 "학생들의 자율성과 자발성을 촉진시키고 지나친 지식 위주 학습 경향을 탈피하기 위해 노력하고 있다"고 밝혔다.
덴마크의 가우어스룬드 중학교 마그누스 테파스 교장은 학생들의 개개인의 성향이나 학습 유형에 주목하면서도 전면적인 발달을 촉진하기 위한 교육을 강조했다.
핀란드의 라또가르따노학교 사뚜혼칸라 교장은 유네스코와 연계된 학교들과 함께 지속가능한 발전, 문화유산, 평화와 인권, 민주주의 교육 등을 중요시한다고 소개했다.(…)
[2011년 5월 16일 프라임경제 '외국 혁신학교 사례 발표 및 공유…학교 현장의 관심과 실천 기대' 보도 인용]

다. 학교 현장에서는 북유럽 교육 열풍이 불면서 각종 해외연수 대상 지역으로 선호되기도 했다.

이주호 교육부장관을 만나고

서울에서 장석웅 위원장과 활동하는 동안 이주호 교육부 장관과 만날 기회가 있었다.

전교조는 각종 현안과 관련해 교육부장관과 면담을 요청했다. 그동안의 관행으로 봐서 쉽게 응해주지 않을 것을 알면서도 통 크게 제의를 해본 것이었다.

그렇게 달포 가량이나 지났을까. 뜻밖에 교육부로부터 만남 일정을 잡자는 연락이 왔다. 이는 양측의 필요조건에 따라 이뤄진 성격이 강했다. 이 장관은 이명박 정부 시절인 2010년 8월 교육과학기술부 장관에 취임해 전교조와 소통한다는 명분이 필요했을 것이고 전교조도 당면한 현안으로 정부와 교섭이 필요했던 시기였다.

전교조 측에서는 장석웅 위원장과 수석부위원장, 정책실장 세 명이 들어가 교육부장관실에서 면담을 실시했다. 첫 면담 결과는 단순했다. 양측이 노사 간 구시대적 관계에 머물지 말고 보다 새로운 관계로 진전시키면서 꾸준히 교섭을 해나가자는데 한목소리를 냈다.

하지만 그뿐이었다. 더 이상 만남도 없었고 진전된 내용도 없었다. 몇 가지 현안에 대해 각자의 입장에서 원론적인 이야기를 되풀이하다 보니 되레 원점보다 후퇴한 인상마저 짙었다.

하지만 소득이 전혀 없는 것은 아니었다. 교육부 장관과 면담할 때 알게 된 실무 국장 등 간부를 알게 되면서 크지 않은 현안은 사전에 이야기를 나누고 적절한 조율을 통해 성과를 거두기도 했다.

통합진보당 출범도 의미가 있었다.

통합진보당은 지난 2011년 12월 6일 민주노동당, 국민참여당, 새진보통합연대 등 3개 정파가 통합 후 공식 출범했다. 지도부는 각 통합 세력의 대표였던 이정희, 유시민, 심상정 공동대표 체제로 꾸려졌다.

이때 통합진보당에서 전교조에 비례대표를 추천해달라는 제의를 해왔다.

전교조는 중앙집행위원회를 통해 누구를 어떻게 선택할 것인가 논의 과정을 거쳤고 결국 한 명을 추천해 국회로 진출시켰다.

'어린지'가 불러 온 영어교육 붐

이명박 정부(2008~2013년)가 내세운 교육 정책의 핵심은 영어 공교육, 고교 다양화, 대입자율화 정책 등에 있었다.

영어 공교육과 관련해서는 당시 이경숙 대통령직 인수위원장이 "미국에 가니 오렌지가 아니라 '어린지'로 말하니 알아듣더라"는 말이 유행처럼 확산되며 '영어 몰입교육' 붐을 일으켰다. 외국에서 온 영어 회화 교사가 크게 느는 것도 이 시기였다. 영어 조기교육 필요성까지 겹치면서 학원들부터 앞다퉈 외국인을 채용하느라 분주했다. 유치원생 때부터 국제고를 준비해야 한다며 교육 수요자들을 자극하고 여기에 호응한 학부모들이 몰려들면서 이른바 '귀족 유치원'까지 등장했다.

이에 대한 반발은 전교조에 그치지 않았다. 학부모와 학생들의 우려도 높았다. 이명박 정부의 방침은 학생들을 학교가 아닌 학원으로 모는 정책이라며 청소년들이 행복과 교육효과를 달성할 교육정책을 마련하는 데 주력해야 한다는 주장이 이어졌다.

고교 다양화도 논란의 대상이었다.

정부는 고교 다양화를 명분으로 일반계-전문계-과학고-외국어고-국제고-자율형공립고-자립형사립고로 서열화를 부추겼다. 대도시의 일부 계층이 선호하는 정책을 시행한 것이다.

이는 전교조의 입장과 배치되는 것이기도 했다. 전교조는 학교 공간 내에서 학습자를 대상으로 한 다양화를 주장했으나 정부는 정작 학교들을 대상으로 서열화하고 만 것이다.

전교조는 새로운 대통령 선거를 앞둔 2012년 9월 전국대의원대회를 갖고 2013년을 새로운 교육실현의 원년으로 만들기 위한 하반기 투쟁을 결의했다. 또 전교조를 비롯한 교수, 학생, 학교비정규직 등과 함께 100만 국민 서명 운동과 전국 순회 교육희망 대행진을 진행하며 11월 3일 '2013년 새로운 교육 실현을 위한 국민대회'를 통해 새로운 교육체제 실현의 초석을 다질 것을 다짐했다.

'2013년 새로운 교육 실현을 위한 국민대회[5]'는 대선을 앞두고 새로

---

[5] '경쟁에서 협력으로, 교육을 바꿔 행복한 나라'를 촉구하는 2013 새로운 교육실현을 위한 범국민대회(범국민대회)가 열렸다.(…)
대회사는 장석웅 전교조위원장, 유성준 21세기 청소년공동체 희망 대표 등 9명이 참여하는 공동대회사의 형식으로 진행됐다.
가장 먼저 발언에 나선 장석웅 전교조위원장은 "지금보다 더 나은 세상에서 우리 아이들을 살게 하고픈 소망으로

운 교육을 바라는 국민의지를 모으는 행사로 전국에서 230여 개 교육시민사회단체, 2만여 명이 참가한 가운데 성대하게 펼쳐졌다.

이날 행사는 청소년단체들이 참여해 퍼포먼스와 공연무대를 펼치고 청소년 300인 원탁토론을 통해 뽑은 5대 청소년 정책을 공개했다. 또 '인간답게 살기 위한 2012 청소년 자치 선언'을 통해 청소년 인권 보장, 획일적·강압적 교육이 아닌 다양성에 기반한 교육기본권 보장, 근로시간보다 긴 수업시간 8시간 이상 학교에 가두지 말 것, 청소년의 삶과 관련된 모든 의사결정 과정에 청소년 참여 법제화 등을 촉구했다.

대회사는 장석웅 전교조위원장, 유성준 21세기 청소년공동체 희망 대표 등 9명이 참여하는 공동대회사 형식으로 진행됐다.

전남지부장 출마를 결심하다

전교조 전남지부장 출마를 결심한 것은 2018년 말 치러지는 선거를 앞둔 때부터였다.

언제부터인지는 정확히 알 수 없지만 '전교조가 변해야 할 때가 되었

2013교육연대를 만들었다. 진보적 교육과제를 대선에서 의제화하기 위해 100만 서명운동, 교육희망 대행진을 힘차게 전개하고 이를 대내외에 천명하기 위해 이 자리에 모였다"면서 "차별과 무한경쟁으로 우리 아이들을 죽이는 교육에서 협력과 지원, 돌봄으로 아이들을 살리는 교육으로 전면 전환해야한다"고 밝혔다.
이들은 대회사를 통해 ▲교육공무직 특별법 제정 ▲사립학교법 개정 ▲대입자격고사 실시 ▲국가교육위원회 설치 ▲아동·학생·청소년 인권법 제정 ▲반값등록금 실현 ▲농어촌학교지원특별법 제정 등을 촉구했다.(…)
[2012년 11월 13일 교육희망 '교육대통령 우리가 만들자!' 보도 인용]

고, 세대 교체도 이뤄지는 것이 바람직하지 않나' 하는 생각이 조금씩 확신으로 변하던 시기였다. 때마침 주변의 지인들의 제안도 잇따르면서 긍정적으로 검토하게 됐다.

"전교조 전남지부장에 출마를 해보려고 하네."

"다음 선거에 나가려고?"

"그래. 주변에서 권유도 있고 나도 해보고 싶은 일이 있어서…."

"그럼 해야겠지 뭐. 당신은 하면 또 잘하겠지.."

아내는 항상 그랬던 것처럼 별 다른 말 없이 응원해 주었다. 어쩌면 나의 이력과 성격을 잘 알고 있기에 말을 꺼내 놓기 전부터 예상하고 있었던 일일지도 모른다. 아내는 내가 하고 싶은 이야기를 알 것이고 나 역시 아내가 하고자 하는 말을 알고 있었다.

주변 지인들의 응원에 힘입어 출마를 본격적으로 준비할 즈음 변수가 생겼다. 전교조 내에서 다른 교육적 지향을 지닌 그룹에 있는 교사 한 분이 출마를 준비하기 시작한 것이다.

당시 전교조는 두 그룹이 서로 갈등을 만들고 부딪치는 것보다 한목소리를 내서 새로운 문화를 만들어가야 한다는 데 뜻을 같이하고 있었다. 전남지부장 역시 통합후보를 통해 힘을 결집해야 한다는 데 동의한 상황이었다. 이는 그동안 치러진 몇 차례의 선거를 통해 얻은 교훈이기도 했다.

양 진영에서는 동일한 현안들을 두고 먼저 해결해야 할 과제에 대해 조금씩 의견이 다른 경우가 있었고 유권자인 교사들은 서로 자신을 찍어달라는 요청에 시달리다 보니 곤혹스럽다고 하소연하는 사례가 많았다.

상대 진영에서 후보가 나섰다는 이야기를 듣고 미리 의견을 조율하는 과정이 필요하겠다는 판단에 따라 먼저 연락을 취했다. 나는 '주변에서 많은 이들이 권하기도 하고 스스로도 의지가 강한 만큼 제대로 한번 해보겠다'는 뜻을 전했으나 상대 역시 뜻을 굽히지 않았다. 나는 그의 뜻이 완강한데다 물러설 뜻이 전혀 없다는 것을 확인하고 먼저 양보했다.

"아무래도 전남지부장 출마를 포기해야 할 것 같네."

"그새 결심이 변했다는 이야기는 아닐 것 같은디…."

"다른 선생님이 출마하신다고 해서…."

"…."

전남지부장 출마 포기를 이야기했을 때 아내는 이번에도 별다른 말을 하지 않았다. 나는 말없이 고개를 끄덕이는 아내와 시선을 마주치지 못한 채 얼굴을 돌렸다. 아쉬움과 난감함 등 복잡한 감정이 얽히고설키면서 한없이 마음이 무거워지는 느낌이었다.

내가 다시 출마를 결심한 것은 2년이 지난 후였다. 2019년 전교조 중앙정책실장을 맡고 이듬해인 2020년 남악 오룡중학교에 근무하며 무안지회 부회장을 맡았던 시기였다.

지난 선거에서 한 차례 양보했던 터라 이번에는 별다른 반대 의견 없이 단일 후보가 됐다.

나는 기나영 사무처장 후보와 함께 '가슴 찡한 참교육! 내 곁의 전교조!'를 슬로건으로 출사표를 던졌다. 공약은 학교 감사제도 개선, 담임교사 행정업무 제로화, 교사 전문역량 네트워크 구축 등이었다.

> 요즈음 전교조에 대한 고민을 많이 합니다. 정책실장 몇 번 했어도 이렇게까지 안 했는데~~ 전교조 전남대표가 된다는 것이 참 무거울 것 같습니다.
> 제 삶을 되돌아보면 대표보다는 참모나 집행 실무를 담당하는 것을 더 좋아했고 또 제 역할이 거기라고 생각했습니다. 그런데 어떤 분이 그러더라고요. 언제까지 그렇게 소극적이고 관성에 젖어 있을 거냐고, 해야 할 일이라면 앞장서서 판을 만들어 나가는 것이 진정한 운동가가 아니냐 하면서 비판할 때 참 당황스럽기도 하면서 스스로를 뒤돌아보는 계기가 되었습니다.
> 살아온 삶의 관성을 깨는 그것부터가 새로운 희망을 품을 수 있음을 말입니다.
> 지금도 앞에 나서서 이야기하는 것이 서툴고 내 옷이 아니라는 느낌이 오지만 새로운 전교조를 희망하는 전환기에 옛 옷을 버리고 새 옷을 갈아입는 절실함이 무엇보다 필요하다고 생각했습니다. 내 자신의 변화부터 시작한다는 각오로, 2년간의 전남 대표로서 부끄럽지 않게 나서고자 합니다. (...)
>
> [제20대 전교조 전남지부장 후보 출사표 중]

'가슴 찡한 참교육! 내 곁의 전교조!'가 슬로건이 된 배경에는 전교조의 역사와 흐름이 있었다.

전교조는 1989년 결성 이후 교육 개혁, 교사 권리 보호, 학생 인권 증진 등의 다양한 분야에서 활동해왔다. 특히 정치·사회적으로 많은 논란과 갈등을 겪으며 중요한 변화를 이끌어내기도 했다.

초창기 전교조 교사들은 한국사회의 권위주의적인 교육 정책에 반발했기에 정치적 대응력에 초점이 맞춰질 수밖에 없었다. 자유로운 교육 활동의 제한과 획일적이고 억압적인 교육환경은 교사들이 하나로 뭉치는 계기가 됐다. 이 과정에서 많은 선배 교사들이 학교 현장을 떠나야 했고 일부는 끝내 돌아오지 못했다.

전교조가 정부 정책과 격하게 대립하면서 일반 노조활동에서 진행된 단체교섭이나 임금 인상 투쟁은 보조적인 성격을 띨 수밖에 없었다. 물론 법의 제약으로 인해 협상에 한계가 있다는 점도 우선 순위에서 제외되는 요인이었다.

또 정작 단체협상을 하려 해도 정부의 미온적인 태도가 걸림돌이 됐다. 교사들의 임금을 공무원 보수위원회에서 결정하게 돼 있는 만큼 자신들은 힘이 없다는 논리로 뒷걸음질을 치기 일쑤였던 것이다.

교사 임금은 공무원 보수위원회가 행정부와 협상을 한 뒤 합의를 하면 기획예산처로 넘어가 최종 확정을 하는 데 이 과정에서 대부분 삭감 수순을 밟게 되고 이렇게 만들어진 임금 인상 체계로 급여가 최종 결정되는 구조다. 그런데 정작 가장 큰 문제는 임금을 받는 당사자인 교사들이 보수위원회에는 참여하지 못한다는 사실이다. 교사들이 국가를 상대로 임금 인상의 교섭체계를 만들 수 없는 구조로 짜여진 셈이다.

다행스러운 일은 이 같은 어려운 여건 속에서도 전교조 중앙 단위나 전남 지부에서는 크고 작은 협상의 성과물들을 거뒀다는 점이었다.

전교조가 출범 30년을 넘어 한 세대가 바뀌면서 조합도 바뀌지 않으면 안된다는 생각을 가진 교사들이 많아졌다. 과거 정부의 정책이나 큰 담론들을 대상으로 한 싸움에 집중했다면 이제는 교사의 권리나 복지, 학생들의 인권에 보다 주목해야 한다는 목소리가 높아지고 있었.

'가슴 찡한 참교육! 내 곁의 전교조!'라는 슬로건을 선정한 이유이기도 했다.

그렇게 출사표는 던졌는데…

2020년 말 치러질 전교조 전남지부장 선거를 앞두고 '제20회 참교육실천 한마당'이 열렸다.

참교육 실천대회는 모든 학생이 차별없이 평등한 교육을 받을 수 있는 길을 모색하는 행사다. 전교조 조합원들이 모여 학교 현장이 주목하는 이슈, 교육정책에 대한 현장 반응, 각 교과 및 주제별 교사 전문성 신장 흐름 등에 대해 논의하는 자리로 전국 대회와 지부별 대회로 나눠 치러진다.

2020년 열린 전교조 전남지부 행사는 11월 14일 전남 나주 스페이스코웍에서 개최됐다.

> 전교조는 다시 법내노조화 되었습니다. 촛불혁명, 광장 민주주의의에 나선 조합원 샘들의 성과라고 생각합니다. 이러한 성과를 바탕으로 일상 민주주의, 현장 민주주의를 확장해 가도록 하겠습니다.
> 내 곁에 전교조라는 방향은 이러한 시대적 요구를 반영하고 있습니다.
> 지시 관리 통제의 관료 행정 구습을 버리고 자치적이고 민주적인 학교운영은 거스릴 수 없는 대세입니다. 이 흐름을 바로가게 하기 위해 학교장과 전교조 분회장의 협의를 학교 현장에 정착시켜 교사 일상의 문제를 해결하도록 하겠습니다. 교권팀을 강화하여 교육권이 보장되고 교사가 존중받는 문화를 조성하도록 하겠습니다.(…)
> 이번 전남 지부 집행부의 또 하나의 방향은 가슴 찡한 참교육입니다. 89년 전교조 탄생부터 지금까지 우리에게 사회에 던진 전교조의 화두는 참교육입니다.

> 설레고 가슴 뛰고 두렵기도 했던 교사 생활의 첫 발걸음이 시간이 지나면서 첫 마음이 훼손되고 메말라 가는 학교에서는 희망을 찾을 수 없습니다. 업무가 중시되고 정작 교육활동은 동료 교사와 공유하지 못하는 학교 사회는 미래가 없습니다. 업무 down 교육활동 up, 업무 갈등이 아닌 서로의 교육활동이 나눠지는 그런 학교생활을 꿈꾸어 봅니다. 멋진 민주주의자인 조합원이 학생과 함께 역동적인 삶을 살아가는 학교를 상상합니다.
> 다시 꿈을 꾸고자 합니다. 지난한 참교육의 여정은 계속되고 있습니다.
>
> [2020년 11월 14일 '참교육 실천 한마당' 인사말 중]

'다시 날자, 전교조!, 숲이 되자, 참교육!'을 슬로건으로 열림식과 선택강연, 분과마당 등의 프로그램이 진행됐다.

행사의 하이라이트는 오전부터 오후까지 이어지는 '분과마당'에 있다. 초등교육과정에서부터 페미니즘교육, 영양교육, 상담교육, 직업교육, 유아교육, 수업혁신, 마을교육공동체 등에 이르기까지 다양한 분야에 걸쳐 교사들의 경험과 노하우가 생생히 전달됐다.

나는 이 행사에 참석해 전남지부장으로 출마한다는 의사를 다시 한 번 밝혔다. 주위의 많은 분들이 따뜻한 박수로 격려해주고 원하는 일을 이루길 바란다는 덕담도 건네주었다.

참교육실천 한마당 행사를 마친 후에는 급하게 부모님 댁으로 향했다. 마침 이날이 어머님 생신이었기 때문이었다.

광주 북구 두암동에 위치한 부모님 댁에서는 생신상 준비가 한창이었다. 미역국을 끓이고 잡채와 나물을 무치는 등 부산했다. 나는 몸은 부모님 댁에 있었지만 마음은 내일부터 치러지는 선거운동에 있었다. 조합원들에게 호소할 출사표에는 어떤 내용을 담을지, 현장 방문을 한다면 언제 어떤 방식으로 할지 등을 생각하느라 머릿속이 복잡했다.

늘 좌고우면 하지 말아야 한다고 생각하면서도 정작 중요한 시기에 해찰을 한 대가는 너무도 컸다. 어머님이 주문한 쌀 포대가 도착했다고 대문에서 들어다 달라고 부르셨다. 급하게 마당으로 나서다가 현관 계단에서 몸이 붕 뜨는 것을 느꼈다. 발이 걸려 마당 시멘트바닥으로 떨어지고 만 것이다. '머리를 보호해야겠다'는 순간적인 판단에 따라 두 손으로 머리를 감싸 쥐었지만 몸은 그대로 바닥에 곤두박질치고 말았다. 사고 이후에는 정신이 없었다. 바닥에 떨어진 채로 한참동안 멍하니 있었던 것 같은데 구체적으로 어디가 얼마나 아픈지 감각마저 느껴지지가 않았다. 처음엔 허리 부위나 다른 곳이 삐긋한 정도인 줄로만 알았다.

"지금 몸이 어때? 어디가 아파?"

병원 간호사로 일하고 있던 누님이 놀란 표정으로 물었다.

"아직 모르겠어."

"그대로 움직이지 말고 누워 있어. 조금만 있으면 괜찮을 거야."

"아냐. 찬바닥에 그대로 누워 있으면 안돼. 그러다 큰일 날라고."

크게 놀란 고모님이 동동 발을 구르며 빨리 대처해야 한다고 식구들을 재촉했다. 고모님의 말을 듣고 보니 걱정이 앞서기도 했다. 몸을 미세하게나마 움직여보려 했으나 미동도 할 수 없었던 것이다.

잠시 후 구급차가 도착해 그대로 동광주병원으로 이송됐다. 시의원으로 일하느라 귀가하지 못하던 아내가 병원으로 바로 왔다. 빠르게 검진을 거친 후 통보 받은 결과는 놀라웠다. 오른쪽 고관절이 심하게 부서지는 큰 상처를 입었다는 것이다. 고관절은 골반의 관골구와 대퇴골의 대퇴골두를 연결하는 관절이다.

다행스러운 점은 코로나19가 기승을 부리던 시기였지만 워낙 큰 상처를 입은 탓인지 곧바로 병원 입원이 가능했다는 것이다. 코로나19 감염을 우려해 환자가 병원에 입원하는 절차가 몹시 까다롭다는 보도가 연이어 나오던 시기였다.

병원 입원은 가능했지만 곧바로 수술을 받을 수는 없었다. 오랫동안 추위에 노출된 탓에 몸에서 열이 나기 시작한 것이 원인이었다. 코로나19 검사 등으로 인해 이틀을 보낸 후에야 수술이 진행됐다. 수술은 무려 6시간 여에 걸쳐 이뤄졌다. 부서진 고관절을 빼내고 인공 관절을 넣는 방식으로 진행했다고 한다.

수술 후 마취에서 깨어나자 아내를 포함한 가족들의 안도와 위로가 이어졌다. 코로나로 인해 면회도 되지 않았지만 가족들은 수술이 잘 되어서 최악의 상황을 비켜갈 수 있었다는 데 대해 감사해했다.

수술이 잘 된 만큼 마음은 더 급해졌다. 앞으로 달포 가량을 입원해야 한다는 담당 의사의 통보는 더욱 엉덩이를 들썩이게 만들었다. 상처가 아물기를 기다리면서 적절한 물리치료를 병행해야 한다는 것이 병원 측의 설명이었다.

짧은 시간에 이런저런 생각이 겹치면서 마음이 착잡해졌다. 참교육실천대회 이전에 학교측에 10일 가량 연차를 신청했으나 이는 선거운동에 대비한 일이었다. 자칫하면 선거운동을 전혀 하지 못하고 학교 수업도 진행하지 못하는 사태가 벌어질 상황이었다. 다행히 학교 측은 내가 병원에 입원한 사실을 알고 기간제 강사를 투입해 수업을 진행했다. 시험 기간에는 내가 문제를 출제했으나 현장에 갈 수가 없었기에 기간제 강사가 학생들의 시험을 감독하는 등의 수고를 해주었다.

하지만 학교 측에 너무 죄송스러운 마음이 들어 입원 3주만에 퇴원 절차를 밟았다. 학교 수업은 기간제 강사가 대체할 수 있지만 당시 맡고 있던 학생부장의 임무는 다른 교사가 대신해주기 어렵기 때문이었다. 지나버린 3주가 전교조 전남지부장 선거운동 기간이었다는 점도 좌불안석의 원인이 되기도 했다.

나는 전교조 조합원을 상대로 홍보활동을 하나도 하지 못한 채 선거를 치러야 했다. 조합원들에게 휴대전화를 통해 보낸 문자가 전부였다. '선생님 고생하십니다. 우리가 이제 아이들과 함께 더 좋은 교육을 실현하기 위해서 전교조의 20대 지부장 후보로 나섰습니다. 선생님과 함께 열심히 노력하겠습니다'는 내용이었다.

결국 나는 러닝메이트로 나선 기나영 사무처장 후보와 함께 최종 당선[6]됐다.

---

[6] 전국교직원노동조합(이하 전교조) 전남지부 20대 지부장에 장관호(오룡중학교), 사무처장에 기나영(창평초등학교) 후보가 단독 입후보해 당선됐다.
투표는 지난 11월 30일부터 12월 2일까지 3일간 진행되었고, 전체 63.61% 투표율에 90.67%의 찬성표를 얻었다.
장관호·기나영 당선자는 2021년부터 2년 동안 전교조 전교조 전남지부를 대표하게 된다.
장관호·기나영 후보는 '가슴 찡한 참교육! 내 곁의 전교조!'라는 슬로건 하에 학교 감사 제도 개선, 담임교사 행정 업무 제로화, 교사 전문역량 네트워크 구축 등 시대정신을 반영한 참교육 활동 지원을 내걸었다.
또한 조합원들의 의견을 적극적으로 수렴할 수 있도록 전교조 조직 운영 방식을 개선하는 한편, 대학무상교육, 사학공공성 강화를 내용으로 하는 교육 대개혁 추진을 표방했다.
두 당선자는 당선 소감에서 교사들의 삶에 위로가 되고 위안이 되는 전교조가 되고 아이들을 위한 참교육의 생명력을 더욱 확장시켜 나가는 전교조가 되겠다."라는 포부를 밝혔다.
[2020년 12월 9일 목포투데이 '제20대 전교조 장관호 전남지부장 당선' 보도 인용]

우리는 조합원들에게 전하는 당선 인사말을 통해 '가슴 찡한 참교육! 내 곁에 전교조!'의 방향타를 잡은 이번 집행부는 참교육의 생명력을 확장해 교사의 자존감을 높이고 현장의 활력을 끌어 올리겠다'는 포부를 밝혔다.

또 모든 조합원이 민주주의자가 되어 자유롭고 평등한 학교, 학교가 사회의 등불이 되는 미래 만들기, 세대와 세대를 연결하고 공감하며 소통, 조합원에 의지하며 '용기'와 '희망'을 품고 조합원을 연결하고 활동을 공유하며 현장을 지원하는 전교조로 거듭나기 등을 약속하고 '참여하고 비판하며 투쟁하면서 32살 청년 전교조의 큰길 헤쳐나가겠다'는 의지도 나타냈다.

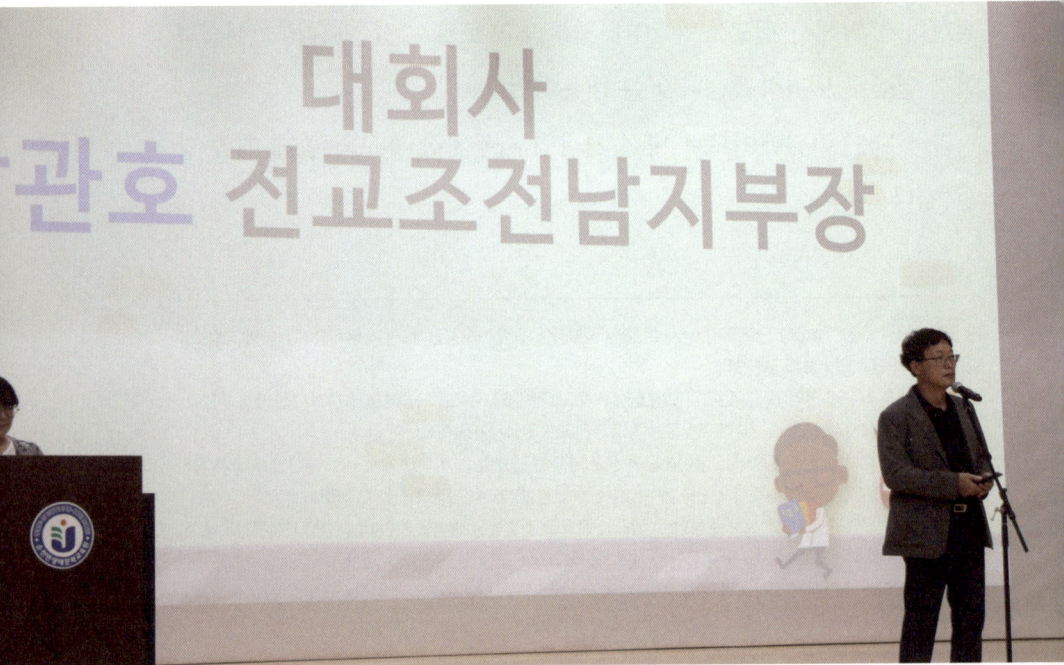

교권 보호 문제 해결에 나서고

제20대 전교조 전남지부장으로서 했던 대표적인 사업 중 하나는 교권 보호 문제였다.

교육활동 보호 문제가 대두된 배경은 교사가 학생들을 지도하는 과정에서 생기는 각종 교육과 관련해 학부모가 아동학대 등으로 경찰에 신고하는 사례가 잇따라 발생하면서부터였다. 학부모들은 자녀가 고통을 겪었다며 신고부터 하는데 정작 교사는 어떻게 대처해야 할지 모르는 경우가 많았다. 일부 학부모는 변호사를 대동하고 학교까지 찾아오는 사례까지 있을 정도다.

오랜 경력을 갖추고 있는 교사도 민원이 발생해 학부모와 상담과 논쟁을 거듭하다 보면 금방 지치기 마련인데 젊은 교사는 학부모가 미리부터 신뢰를 하지 않거나 무시하는 경우가 많아 더욱 힘든 게 현실이다.

학부모의 민원은 주로 초등학교와 중학교에서 많이 발생한다.

초등학교 한 교사는 학부모로부터 "아이가 오늘 늦잠을 자서 아침 식사를 못 하고 갔는데 선생님이 밥을 좀 챙겨주시면 좋겠습니다"라는 전화를 받은 사례도 있다. 교사에게 보모 역할까지 맡기는 학부모를 접하며 교사는 가슴에 상처를 입을 수밖에 없었을 것이다.

중학교의 한 교사는 학생들이 쉬는 시간에 복도에서 너무 떠드는 모습을 보고 "조용히 안해!"라고 말했다가 곤욕을 치렀다. 학생에게 사연을 들은 한 학부모가 "아이가 그 말을 듣고 깜짝 놀라는 바람에 심리적, 정서적 학대를 당했다"고 신고를 한 것이다.

학부모로부터 자신의 아이가 피해를 입었다고 신고를 당한 교사는 경찰서에 가서 조사를 받지 않으면 안됐다. 아동학대가 신고됐다고 할지라도 전후 사정을 확인하고 그 과정에서 교사의 교육적 조치인가 아닌가를 확인한 후 조사가 진행돼야 하는데 마치 죄인이라도 된 것처럼 경찰서에 발을 들여야 하는 구조였던 셈이다.

아동학대 문제가 제기되면 교사들은 전교조에 먼저 하소연하는 경우가 많다. 하지만 전교조가 정작 교사들의 요구를 들어주기에는 한계가 있었다. 전교조 전남지부 사무실에 상근하는 인력이 4명에 불과했기 때문이다. 전남지부장과 업무를 총괄하는 사무처장, 참교육 실장, 정책실장 등 4명은 전국과 지역의 현안을 수습하고 해결하기에도 너무나 빠듯한 인력이었다. 4명이 담당하는 대상은 전남지역 22개 시·군, 유·초·중·고 800개 학교에 달했다.

전교조 전남지부는 조직 개편을 통해 1명의 인력을 늘렸다. 참교육 실장 자리는 전남도 정책교육연구소에서 파견하는 교사로 대체하고 소통홍보국장을 신설한 것이다. 하지만 1명의 인력 충원으로 교사들에게 발생하는 법률적인 문제를 모두 해결할 수는 없었다.

교사들 사이에서는 학생을 인격적으로 대하지 않거나 인권을 존중하지 않아서 고소나 고발을 당한 경우 당연히 그에 대한 책임을 져야 하지만 교육적 조치로 인해서 발생하는 문제를 고발부터 하는 문제에 대해 적절한 대응이 필요하다는 목소리가 높았다.

이에 따라 전교조 전남지부는 광주에 있는 한 변호사와 자문변호사 계약을 맺었다. 조합원에게 상시적으로 양질의 법률 서비스를 제공하고 소송 사건을 전문적으로 담당할 수 있게 한 것이다.

교사 자존감 높이는 전문적 학습공동체

전교조 전남지부가 교육활동 보호를 위한 조치와 함께 실시한 사업은 교사들의 동료성 제고를 통한 자존감 향상이다.

교사들이 학생들과의 관계에서 아동학대 논란 등 뜻하지 않은 일을 겪음으로써 자존감이 많이 낮아지고 있다는 판단에 따른 것이다. 교사가 자존감이 낮으면 자기 자신만 힘드는 것에 그치지 않고 학생들과 주변 동료 교사들까지 불편하게 만들 수 있다. 반면 자존감이 높은 교사는 수업과 학교생활에 자신감을 갖고 능동적으로 지낼 뿐 아니라 무슨 일에도 긍정적으로 잘 대처할 수 있게 된다.

전교조 전남지부는 교사가 자존감을 높이기 위한 가장 핵심적인 요소를 동료 교사라고 판단했다. 동료 교사들과 협력하고 연대할 수 있어야 자신에게 닥치는 여러 문제에 대해서도 외롭게 싸우지 않고 자존감도 커질 수 있다고 본 것이다.

민선 3기 장석웅 전남교육감 시절 핵심 공약 중 하나였던 '전문적 학습 공동체'는 좋은 사례라고 할 수 있다.

전문적학습공동체는 학생의 배움과 학교교육 혁신을 위해 교원이 함께 연구·실천하며 성장을 도모하는 자발적 학습모임이다. 자발성과 동료성, 전문성, 학생의 배움과 성장을 핵심요소로 한다.

전문적학습공동체는 학교 안과 밖으로 나눠 운영됐다. 학교 안은 학교 단위, 학년 단위, 교과 단위, 주제 단위로 구성돼 활동한다. 학교 밖은 여러 학교 교원들이 관심분야 연구를 위해 자율학습공동체와 교육부 교사 연구회가 운영된다.

전문적학습공동체 활동의 가장 큰 목표는 우수한 교육 콘텐츠 생산에 있다. 참여 교사들은 활발한 연수 활동으로 교실 수업에 적용 가능한 콘텐츠를 만드는 데 힘을 쏟는다. 1인 1연구, 1인 1연수를 통해 우수 교육 콘텐츠 개발에 나서게 된다. 연구 1년차에 교사가 연구주제를 정한 뒤 수업연구를 꾸준히 하면 2~3시간 정도의 수업 나눔을 할 수 있는 수업경험과 전문성이 쌓인다. 2년차 연구는 앞선 연구결과를 토대로 더 발전된 연구가 진행되면서 함께 나눌 수 있는 내용들은 이전보다 풍부해진다. 이 같은 연구가 3년 이상 지속되면 한 교육주제에 대해 15차시 직무연수를 개발할 수 있는 역량이 교사에게 충분히 생기게 된다.

전남도교육청이 실시한 전문적학습공동체는 교사의 자존감과 관련해 전교조 전남지부가 희망하는 프로그램이기도 했다.

교사들은 매월 1차례 전문적학습공동체 모임을 통해 학생 생활교육이나 교육 과정, 수업, 교사의 생활 회복 등 다양한 이야기를 논의할 수 있었다.

전교조 전남지부는 2021년에 의미있는 분회장 연수회를 갖기도 했다. 연수회는 전남 22개 시·군 지역을 동부권과 중부권, 서부권으로 나눠 실시했다.

분회장 연수회의 초점은 학교 현장에서 일어나는 다양한 일들에 대해 함께 고민하고 해법을 모색하는 데 있었다.

이날 분회장들은 교사 간, 사제 간 소통과 관계 맺음에서 자신들이 직접 체험하거나 보고 들은 현장의 어려움을 이야기했다. 전교조 전남지부는 교사들을 위로하고 격려하기 위해 즐거운 레크리에이션 프로그램을 진행하기도 했다.

진정한 교육자치 실현을 위해

전교조 전남지부 활동 중에서 주목할만한 것은 '전남교육자치실천회의'다. 전남교육회의는 '전남교육희망연대'를 새롭게 탈바꿈시킨 단체다.

전남교육희망연대는 지난 2010년 10월 출범했다. 각종 교육 현안이 학교나 학생에만 머물지 않는 만큼 지역과 광역으로 확장시켜 해결해보자는 게 목표였다. 목포교육연대, 순천교육희망연대, 화순교육복지희망연대 등 전남 시·군지역 교육모임과 민주노총, 시민단체연대회의 등 시민사회단체와 교육계 인사들이 회원으로 참여했다.

전남교육희망연대는 학생인권조례제정, 혁신학교 만들기, 교육장 공모제 등 교육행정에 적극 참여해 전남교육의 민주적 개혁과 교육복지 실현을 위한 실천 활동에 나서 성과를 거뒀다.

2021년 9월 출범한 전남교육회의[7]는 전남교육희망연대의 성과를 토대로 한 단계 더 높은 수준의 교육자치를 실현해보자는 데 뜻을 뒀다.

전남교육회의가 출범한 시기를 두고 일부에서는 2022년 6월 치러질

---

7) (…)30여개의 단체로 구성된 전남민주진보교육실천회의(이하 전남교육회의)는 7일 오후 전남도교육청 현관에서 기자회견을 열고 "지난 2010년 출발해 10년간 진행된 교육자치는 법과 제도적 측면에서 성공적으로 안착했다"면서 "이같은 성과를 토대로 한단계 더 높은 수준의 교육자치를 실현시킬 시점에 도달했다"고 주장했다.
전남교육회의는 이어 "협치와 소통은 교육자치의 본질이며 시혜적으로 주어지는 것일 수 없고, 특정한 조직이나 정책으로만 환원될 수 없다"면서 "스스로가 교육의 진정한 주체가 되지 않는 한 교육자치는 형식적 제도와 절차로 전락할 것"이라고 우려했다.
이들은 이같은 우려를 불식시키기 위해 사람과 사람, 단체와 단체를 잇고 소통하는 교육자치 플랫폼이 필요하다는데 인식을 함께하고 여기에 동의하는 모든 단체와 개인을 모아 22개 시군에 지역교육회의를 결성해 토론을 거쳐 '전남교육의제'를 정리하기로 했다.(…)
[2021년 9월 7일 호남교육신문 '민주진보교육감 후보 추대 전남교육회의 공식 출범' 보도 인용]

선거를 대비한 조직이 아니냐는 시선이 있었다. 전남교육회의 내부에서는 '선거 조직은 아니지만 선거에 영향을 줄 수는 있다'며 논쟁이 되기도 했다.

전남교육회의는 출범식에서 일부의 우려 섞인 시선에 대해 입장을 밝히기도 했다.

"세간에는 특정 인물을 염두에 둔 선거조직이 아니냐는 의구심이 있는 것으로 알고 있다"면서 "선거만을 위해 한시적으로 활동하는 조직이 아니라 전남의 민주 진보교육 10년 밑그림을 그려 새로운 수준의 교육자치를 실현해 나가겠다"고 설명했다.

전남교육회의가 지향하는 방향과 일치되게 프로그램을 진행하는 모범적인 사례는 곡성에 있었다.

곡성은 지역교육회의에서 군수와 교육청, 지역 시민사회단체가 중심이 돼 '우리 아이들 교육을 어떻게 할 것인가'에 대해 함께 머리를 맞대다 '곡성교육미래재단[8])'을 출범시켰다.

'곡성교육미래재단'은 교육청과 지역 시민사회단체 등이 두루 참여

---

8) 지역인재 양성을 위해 올해 6월 설립된 곡성미래교육재단이 정식 출범을 선언하고 '사람과 미래를 잇는 즐거운 교육도시'라는 비전을 발표했다.17일 곡성군에 따르면 15일 곡성미래교육관에서 열린 출범식에는 유근기 곡성군수, 장석웅 전남도교육감 등과 도의원, 군의원, 기관사회단체장, 주민자치위원장 등 40여 명이 참석했다.(중략)
곡성군미래교육재단 초대 이사장인 유근기 곡성군수는 비전 선포와 재단의 핵심 가치와 추진 방향을 직접 브리핑했다. 재단은 이날 출범식에서 120인 원탁토론, 815명 설문조사를 통해 선정한 교육 비전을 발표했다.
곡성미래교육재단은 사람이 모이는 곡성의 행복한 성장을 위해 '사람과 미래를 잇는 즐거운 교육도시'를 만들 것임을 선언하고, 핵심 가치로 ▲창의·혁신 ▲연대와 협력 ▲함께 성장 ▲지역 활력 등을 내세웠다.
곡성군은 지난해부터 인구감소 등 지방 소멸 위기를 극복하기 위한 방안으로 교육 강화를 핵심과제로 인식하고 곡성미래교육재단 설립을 추진, 지난 6월 법인 등기를 마쳤다.(…)
[2020년 12월 17일 광주일보 '곡성미래교육재단 출범…즐거운 교육도시 비전 선포' 보도 인용]

해 아이들 교육부터 평생교육까지 지역 교육 전반을 담당하는 플랫폼이다. '학생을 가르치고 책임지는 것은 학교만의 몫이 아니라 지역 사회'라는 개념을 직접 실천한 것이다.

곡성미래교육재단은 교육생태계 구축은 물론, 교육활동 지원, 평생교육, 꿈놀자학교, 진로·진학교육, 청소년 성장지원 등 다양한 프로그램들을 의욕적으로 펼쳐 지역민의 호응을 얻고 있다.

곡성교육미래재단은 전남교육회의의 활동에 많은 영향을 주었다.

특히 전교조 전남지부는 교육자치 사업에 많은 관심을 갖고 다양한 프로그램을 기획하고자 했다. 하지만 교육자치를 평가한 결과 민과 관이 대등한 관계에 놓여있지 않음으로써 효과를 거두기 어려웠다는 점을 알게 됐다. 전교조는 민과 관이 대등한 관계에서 협치를 해야 하며 최종적으로 민이 결정하고 관이 집행해야 한다고 주장했다. 그리고 이를 실천하기 위해서는 전남교육회의의 역할이 필요하고 다양한 기관이 참여하는 큰 틀로 형성돼야 한다는 점을 강조했다.

하지만 실제로 곡성 이외의 지역에서는 만족할만한 성과를 거두지 못했다.

지역의 각 단체 관계들이 모두 참여하는 큰 틀을 짤 수 있는 역량이 부족했던 것이 가장 큰 원인이었다. 선거 기간을 활용한다면 후보들이 이를 공약으로 수용해 실천할 수 있을 것으로 판단한 점도 진행이 더딘 원인이었다. 선한 의지와 상관없이 '선거운동 조직 아니냐'는 의혹 섞인 시선에서 벗어나지 못했기 때문이다.

하지만 교육회의는 여전히 현재진행형이다.

당초 의도가 선한 것이었던 만큼 교육회의가 지속적으로 무엇인가 의미있는 일들을 진행해야 한다는 목소리가 끊임없이 이어지고 있다.

지역의 몇 곳에서는 민관과 협의의 틀을 갖추고 교육적 과제를 꾸준히 진행할 수 있도록 만들기도 했다.

전남교육민주노조협의회 결성

전교조 전남지부장으로 재임하는 동안 의미 있는 활동 중 하나는 전남교육민주노조협의회를 만든 일이다. 교육노조협의회는 전남지역 전교조, 전국학교비정규직노동조합, 전국공무원노동조합, 전국교육공무직노동조합의 연합체로 2021년 결성됐다.

전남교육민주노조협의회를 운영키로 뜻을 모은 계기는 각 노조 간 업무 차이로 인한 갈등이 적지 않았기 때문이었다. 행정직에서 바라보는 교육활동, 교사가 바라보는 행정 지원 활동, 비정규직이 겪는 어려움이 서로 충돌하는 경우가 많고 양보 없이 목소리를 높이다 보면 갈등으로 비화되기도 했다.

다행스럽게 구성원 모두 '학교를 더 아름답게 만들자'는 명제에는 공감하고 있었다. 학교 안에 있는 구성원이면서 핵심인 우리가 좀 더 소통하고 공감대를 형성해야 서로를 이해하고 건강한 학교 만들기를 위한 연대활동도 할 수 있다는 것이었다.

4개 노조 관계자들은 함께 모여 의견을 나눴다. '학교'는 다른 사회 조직과 달리 아이들을 교육하는 공간이기 때문에 훨씬 더 민주적이고 인권적이면서 노동친화적이어야 한다는 데 공감했다. 이를 토대로 각종 현안에 대해 한목소리를 낼 수 있도록 노력하고 노동쟁의 등의 어려운 일이 발생했을 때 힘을 보태기로 했다.

기후위기에 대응한 것이 대표적인 사례였다.

전남교육민주노조는 세계환경의날(6월 5일)을 앞두고 기후위기에 적극 대응해 나갈 것을 결의했다. 한반도에 계속되고 있는 기후 이변을 느꼈음에도, 지구의 많은 생물체가 생존을 위해 절박한 신호를 보내고 있음에도 이에 호응하지 못했다고 반성하면서 학교부터 당장 비상행동에 돌입하겠다는 의지를 밝혔다.

환경의 날인 6월 5일에는 전남도교육청 앞에서 '전남 3만 2천 기후 위기 대응 교직원 선언[9]'을 발표하고 기자회견을 개최했다.

전남교육민주노조는 "지속 가능한 미래를 위한 기후 위기 인식과 실천으로 성장보다 정의, 이윤보다 생명을 우선하는 생태적 삶으로 전환"을 주장하며 "학교를 생태적 환경으로 전환, 기후생태교육과 실천의 장"으로 만들어 갈 것을 다짐했다. '기후 위기 대응을 위한 범도민 비상 행동'도 참여할 것이라고 밝혔다

광주지역 역시 전교조 광주지부, 광주교사노동조합, 광주교원단체총연합회가 참가한 가운데 '기후위기 대응을 위한 광주교원 실천회의'를 구성하고 공동성명을 발표했다.

---

9) 전교조가 기후위기에 대응해 앞장설 것을 결의했습니다.
전남교육민주노동조합협의회는 오늘 전남교육청 앞에서 기자회견을 갖고 산업화와 해수면 상승, 지구온난화 등 미래세대의 생존권을 위협하는 기후 위기에 대응하기 위해 석탄 화력 발전소 증설 중단과 탄소배출 규제 강화 등을 요구했습니다.
또 재생에너지 공적 지원 확대 요구와 함께 학교에 탄소배출 감소를 위해 노력하겠다고 덧붙였습니다.
[2021년 4월 22일 목포MBC 뉴스 '전교조 전남지부-기후위기 대응·교육 앞장설 것' 보도 인용]

전남교육민주노조는 2022년 전남도교육청 홍보담당관 인사와 관련해 잡음이 불거지자 철회를 촉구하기도 했다.

전남교육민주노조는 전남도교육청 홍보담당관 임용예정자가 교육감 측 인수위원으로 활동하면서 1,500만원 상당의 도교육청 인쇄물 계약을 자신이 대표로 있는 회사와 계약 체결했다는 의혹을 제기하고 공직자 이해충돌 방지법을 위반한 행위라고 지적했다.

참교육실천대회의 참 의미

참교육실천대회는 교사들의 교육 활동의 결과를 같이 공유하면서 자신의 활동에 대한 자부심과 향후 교육 활동에 대한 자기 고민을 드러내는 데 의미가 있다. 학교 현장의 혁신과 교사 전문성 제고를 이끄는 주요 흐름을 한눈에 살피고 참교육 실천을 결의하는 마당이기도 하다.

참교육실천대회는 1989년 전교조가 결성된 이후 지역별, 교과별, 주제별 교사 모임을 계승해 2001년부터 대규모 행사로 진행해 왔다.

지난 2022년 8월, 전교조 역사상 처음으로 여름에 제21회 참교육실천대회[10]를 가졌다. 이 행사는 2년 만에 개최돼 의미를 더했다. 당초

---

10) 전국교직원노동조합 전남지부(지부장 장관호)은 제21회 참교육실천대회를 2022년 8월 20일 순천만생태문화교육원과 순천남산초등학교에서 개최한다.
이번 대회의 주제는 "다시 소통과 협력의 학교로, 삶을 가꾸는 교육을!"이다.
참교육실천대회는 1989년 전교조 결성 이래 지역별, 교과별, 주제별 교사 모임에서 진행해왔던 참교육 실천 나눔 행사를 계승하여 전교조 합법화 이후인 2001년부터 대규모 행사로 진행하는 것으로, 참교육 실천 사례를 한 곳에

매년 개최했으나 1년 단위로 성과 발표회를 갖다 보니 교사들로부터 시간과 일에 쫓기면서 제대로 준비하지 못한다는 목소리가 있었기 때문이었다.

이에 앞서 2021년은 분과별 활동대회로 개최했다. 기간제 모임, 과목별 모임, 영양교사 모임 등으로 나눠서 활동을 하도록 하고 전교조는 이를 지원하는 형식으로 치렀다. 분과별 모임에서 공유한 성과는 일년 반이 지난 이듬해 8월 참교육 실천대회에서 발표하는 기회를 갖기로 했다.

서 발표하고 공유하는 자리이다.
학교 현장의 혁신과 교사 전문성 고양을 이끄는 주요 흐름을 해마다 한눈에 조망할 수 있는 대회이며, 참교육 실천을 결의하는 마당이기도 하다.
이번 제21회 참교육실천대회는 1부 참교육상 시상과 '생태민주주의, 교육자치와 삶을 가꾸는 교육'(강사:강수돌 교수) 강연, 2부 공연 '떨림과 울림', 3부 분과마당으로 나뉘어 운영된다.(…)
[2022년 8월 19일 시민일보 '제21회 참교육 실천대회…다시 소통과 협력의 학교로, 삶을 가꾸는 교육을' 보도 인용]

2022년 열린 참교육실천대회는 교직원과 학부모, 지역민 등 500여 명이 참여해 열기가 뜨거웠다. 전남 순천만생태문화교육원과 순천남산초등학교에서 열린 행사는 '다시 소통과 협력의 학교로, 삶을 가꾸는 교육을'을 주제로 개최됐다. 행사는 축하공연을 비롯해 참교육상 시상, 전남교육운동사 출판기념회, 강수돌 고려대 명예교수의 주제강연, '떨림과 울림' 공연, 분과 마당(교과·주제·참여자치) 등이 펼쳐졌다.

나는 대회사에서 '경쟁에서 협력'으로는 단순한 구호가 아니라 생존의 문제이자 지속 가능한 미래를 위한 절박한 가치"라고 전제하고 "참교육실천대회를 통해 관계를 회복하고, 동료 교직원과 서로 협력하며 삶을 가꾸는 교육과 지역을 살리는 교육을 실천하자"고 강조했다.

2022년 여름 참실대회를 응원하고 함께해주신 모든 분께 감사드립니다.
제21회 참교육실천대회가 500여 명의 교사·학부모·노동·시민사회단체와 아동이 참여하며 성황리에 마무리되었습니다.
2년 만에 개최된 참실대회는 서로를 위로하고 지지하며 과거와 현재를 연결하고 앞으로 가야 할 방향을 공유한 즐겁고 행복한 자리였습니다.
부족한 점이 많았음에도 운영팀을 아낌없이 격려하고 다독여주셨습니다. 고맙습니다.
전교조는 참교육노동조합임을 확인하였습니다. 다시 소통과 협력으로, 삶을 위한 교육, 나와 우리, 지역을 살리는 교육으로 나아가겠습니다. 감사합니다.

2022.08.22. 전교조 전남지부장 장관호

당시는 코로나19의 여진이 끝나지 않은 상황이어서 교사들이 지치고 힘들어하는 시기이기도 했다. 특히 이날 강수돌 교수의 강연은 교사들에게 많은 위로가 됐다. 강 교수는 대학입시와 노동시장의 두 벽을 넘어서야 탈자본의 인간화 교육이 가능하다고 강조하면서 현재 교사들이 자신들의 위치에서 각자 맡겨진 일들을 잘하고 있다고 격려했다.

오후에는 분과별 모임이 진행됐다. 현장에서 활동하며 느낀 성과와 과제들을 주제별로 나눠 이야기를 나누는 자리다. 학생들의 심리 정서 문제는 물론 학부모들이 자녀와 교사들을 대하는 모습, 교사들의 올바른 생활지도 방식이나 대처 등 다양한 주제를 놓고 활발한 이야기가 오갔다.

하지만 아쉬운 점도 있었다. 민선 4기 김대중 교육감이 '전남교육 대전환'을 내세우며 혁신학교를 축소하는 쪽으로 방향을 잡았기 때문이다. 그동안 혁신학교의 가치를 실천하기 위해 함께했던 학부모들은 피켓시위로 사태의 심각성을 알리고 혁신학교 유지를 요구하기도 했다.

교원정원 감축 문제 협의

참교육실천대회가 끝나자마자 전교조 현안으로 급부상한 과제가 교원정원 감축이었다.

전남교육청이 교육부로부터 2023년에 초등교사 50명, 중등교사 275명 등 모두 325명이나 줄어든 인원을 가배정 받은 것이다.

전교조 전남지부가 조사한 내용에 따르면 정원이 지속적으로 줄면서 정규 교원으로 채워야 할 자리를 비정규직 기간제 교사로 채우고 있고 전국적으로는 6만2,000여 명에 달하고 전남지역만 해도 1,074명에 달했다. 순회겸임 교사나 고교학점제 연구 시범학교 운영에 필요한 교사도 기간제 교사가 담당하는 등 임시 대처 방식도 가속화되고 있었다.

교육부가 교사 정원을 줄이는 근거는 학생 수였다. 교육부가 교원 수급 기준을 실제 수업이 이뤄지는 '학급'이 아니라 '교사 1인당 학생 수'를 중심으로 산정하면서 농어촌 소규모학교가 많은 전남의 지역 여건을 전혀 고려하지 않은 것이다. 도시권은 학생 수가 상대적으로 많다보니 정원을 줄일 근거가 없지만 농어촌은 학급이 3개여도 학생이 적으면 교사를 1~2명만 두는 것으로 해결이 되는 단순논리를 적용한 셈이다.

교원 정원이 감축되면 여러 가지 문제점이 나타날 수밖에 없다. 학급당 학생 수 증가는 물론이고 교수학습과정의 질 저하, 초등 교과전담교사 부족, 순회교사와 상치교사 증가 등으로 정상적인 교육과정 운영에 어려움을 겪게 된다.

특히 전남교육청은 교육부의 교원 정원 감축 인원에 맞춰 3~7학급 규모 중고등학교의 교사 정원을 1명씩 감축한 바 있었다. 3~7학급 중학교는 전남도내 전체 중학교의 65%, 3~7학급 고등학교는 22%에 달하는 수치다. 학급 수가 줄어든 학교 가운데에는 교사가 2명 이상 줄어든 학교도 발생하고 있는 실정이었다.

전교조 전남지부는 이를 역차별로 규정했다. 도농을 끼고 있는 모든 지역에서 교육적 피해를 받고 있다는 판단이었다.

전교조 전남지부는 기자회견문을 통해 "김대중 전남교육감은 혼란에 휩싸인 학교 현장을 위해 지금 당장 교원 정원 감축 대책을 마련해야 한다"고 촉구했다.

하지만 전남교육청은 별다른 대책을 내놓지 않았다. 전교조 전남지부는 결국 천막농성에 돌입[11]했다.

전교조 전남지부의 천막 농성은 두 가지 목적을 담고 있었다.

우선 윤석열 정권의 교원 감축 방침은 교육적이지 못한데다 전남 교육은 계속 힘들어지고 결국 농어촌 교육은 죽어갈 것이라는 점을 널리 알리고자 했다. 또 정부 방침과 상관없이 전남도교육청이라도 정원 외의 기간제 교원을 확보해야 한다는 요구였다.

전교조 전남지부는 전남도교육청과 지속적인 만남을 가진 끝에 10월 21일 4대 교육현안에 대한 노사협의를 타결했다.

합의된 주요 내용은 교원 감축으로 인한 학교의 피해가 없는 특별대책 마련과 중앙정부 교원 감축 저지, 일제식 학업성취도 평가 미시행, 공직자 이해충돌 방지법 논란에 대한 인사대책 마련 등이었다.

이 일을 마무리 지은 후 얼마 지나지 않아 다음 전교조 지부장 선거가 시작됐다. 보람보다 아쉬움이 큰 2년이었지만 많은 주위 분들이 격려해주고 박수를 쳐 주셔서 저절로 고개가 숙여졌다.

---

11) 전교조 전남지부(지부장 장관호)가 9월 26일, 전남교육청 앞에서 기자회견을 열고 '윤석열 정부 교육개악과 전남교육퇴행 저지'를 위한 무기한 천막농성에 돌입했다. 지난 2013년 6월 18일, 장만채 교육감 시절 전남도교육청이 추진한 '기숙형중학교 설립 단'과 '작은학교살리기 추진단 운영'을 촉구하며 무기한 천막농성을 벌인지 9년만이다. 이날 장관호 전교조 전남지부장은 회견에서 "70년 역사에서 적어도 교원 정원은 한 번도 감축한 적이 없었는데 이번 윤석열 정부가 교원 정원을 감축했다. 이 나라 교육을 망치려하지 않고서야 감히 상상도 할 수 없는 이야기"라고 지적했다. 이어 장 지부장은 "농어촌 소규모 학교에서는 정규 고과 선생님도 없는데 (교원 정원이 감축되면) 누가 작은학교로 학생들을 보내겠는가"면서 "5년 동안 교원 감축되면 전남도 사라진다. 도교육청도 전남교육 존폐위기로 인식하고 전교조를 포함한 교육가족들과 함께 싸우자"고 도교육청의 행동을 촉구했다.(…)
[2022년 10월 1일 호남교육신문 '전교조 전남지부 9년만에 무기한 천막농성 돌입' 보도 인용]

따뜻한 밥 한 끼가 힘이더라

학교 현장에서 함께 협력해 일을 하는 분들 가운데 교육행정공무원(일반직 공무원)과 공무직원(학교비정규직)이 있다. 학교와 기관에서 교육업무지원과 행정업무 등을 담당하는 교직원이다.

학교에서 교직원과 일을 하며 이야기를 나눠보니 의외로 소외감을 느끼는 분이 많아서 놀랐다. '자신들은 학교의 주인이라기보다 그냥 지원하는 사람'으로 생각되는 순간이 많고 주위에서도 그런 시선이 적지 않다는 것이었다.

처음 들었을 때는 이해가 잘 안됐지만 구체적인 사례들을 제시하니 고개가 끄덕여졌다.

스승의 날이나 학교 기념일 등의 행사 때가 되면 선생님과 학생들 간에만 크고 작은 프로그램이나 이벤트가 이뤄지고 끝나는 경우가 다반사였던 것이다.

개인적으로는 학생회 간부 등과 소통을 통해 학교의 모든 선생님들을 챙기도록 권유하기는 했었다.

"야 학생회장, 혹시 스승의날이라고 해서 수업을 지도하는 선생님들에게만 인사하면 안된다."

"...?"

"학교에 계신 모든 분들이 선생님이시거든. 행정실도 엄연히 교육현장이야. 그러니 교무실뿐만 아니라 행정실에 가서도 인사드리는 것이 좋을 것 같다." "네. 알겠습니다."

학생들은 말뜻을 이해하고 행정실에 들러 감사 인사를 전하고는 했다.

학교 행정실 직원들이 느꼈던 소외감이나 외로움은 어떤 방식으로든 극복할 수 있도록 해야 한다는 생각이 들었다.

지난 2017년께 학교비정규직노동조합(학비노조)가 파업했을 때는 일부 학부모들의 따가운 눈초리를 받아야 했다. 학생 급식을 볼모로 근로조건 개선을 요구한다는 것이었다. 교육 당국은 최저임금 상승 등으로 재정 압박이 우려된다며 노조 측 주장을 받아들일 의사가 없음을 분명히 했다.

이에 대해 나는 '밥 짓는 선생님'을 주제로 한 글을 페이스북에 올렸다. '따뜻한 밥 한 끼가 다시 일할 수 있는 힘이더라. 이 따뜻한 밥 안에는 조리사 선생님의 정성과 땀이 깃들어 있다. 식지 않는 열정과 에너지를 내뿜을 수 있는 근원이다. 그런데 우리가 이 분들을 저임금에 시달리게 하는 게 맞는 것이냐'는 게 주된 내용이었다. 그리고 모두가 밥 짓는 선생님을 대신해 학부모를 설득해보자고 주장했다.

가정통신문은 학비노조 파업을 이해하고 어려움을 참아달라는 호소로 채워졌다. 학생들에게 급식 피해가 최소화할 수 있도록 노력하겠다는 내용도 포함됐다.

학비노조 파업은 비정규직 노동자의 어려움을 공유하고 함께 힘을 모아 해법을 찾은 좋은 선례가 됐다.

언젠가 교무행정사 선생님과 상의할 일이 있어 자리를 찾아갔다가 눈에 띄는 문구를 발견한 적이 있었다.

'받은 만큼 일한다'

컴퓨터 모니터에 붙어있는 글을 보고 미처 생각하지 못한 각성이 생겼었다. 교육 현장에서 일하는 분들 가운데에서는 교무 행정사 월급이 가장 적었다. 학교 행정적 실무들을 모두 담당하며 처리해내는 업무량이 적지 않음에도 상대적인 차별을 겪고 있는 셈이었다. 학교 구성원에게 업무에 대한 동기부여를 하지 못한 채 소극적인 업무대응 환경을 제공하지 않았나 싶어 가슴이 아팠다. 같은 학교에 있으면서도 겪고 있는 어려움을 전혀 알지 못했다는 미안함에 고개가 숙여지기도 했다.

나중에 그분을 서울에서 개최된 비정규직 노동자 파업 현장에서 같은 동지로 만났다. 나는 그 분의 손을 반갑게 맞잡았다. 새로운 세상에서의 만남이었다.

나는 이분들과 함께 학교 교육을 만들어가는 것이라고 생각한다. 행정실과 교무실, 학교 비정규직이나 공무직이 모두 학생들의 교육을 위해 헌신하고 있다는 것을 잊어서는 안된다. 학교가 제 역할을 하기 위해서는 전체 구성원들의 인권 보장이 우선돼야 한다. 구성원 전체가 서로를 존중하고 협력하는 분위기 속에서 학생들의 성장도 건강하게 이뤄질 것이기 때문이다.

학급당 학생 수가 교육의 질을 가른다

　전남지역 일선 학교에서 시급히 개선해야 할 문제가 중 하나가 학급당 학생 수다.

　학급당 학생 수의 문제가 대두된 시기는 코로나19가 확산된 시점이다. 코로나19가 급속히 확산되면서 학교들이 줄줄이 비대면 교육으로 전환해야 했다. 반면 학생 수가 적은 학교의 경우 코로나19와 무관하게 대면 교육이 진행돼 대조를 보였다.

　전교조는 지난 2020년부터 학급당 학생 수를 20명으로 제한해야 감염병 상황에서도 안전한 등교가 가능하다고 주장했다. 이를 위해 전 국민 서명운동[12]을 벌이기도 했다.

　'경제개발협력기구(OECD) 교육지표 2024'에 따르면 2022년 기준 우리나라의 학급당 학생 수는 초등학교 22.0명, 중학교 26.0명으로 OECD 평균 초등학교 20.6명, 중학교 22.8명에 비해 높다. 전교조는 이와 관련 학급당 학생 수를 20명 이하로 줄여야 공공교육이 제대로

---

12) 전국교직원노동조합(전교조)이 학급당 학생 수 20명 이하 법제화를 위한 전 국민 서명운동을 시작했다.
22일 전교조에 따르면, 학급당 학생 수가 30명이 넘는 과밀학급은 전국에 2만3000개에 달한다. 이는 전국 초·중고의 9.8%에 해당하는 것으로, 학급 10개 중 1개는 과밀학급인 셈이다.
전교조는 "현재 우리나라의 학급당 학생 수는 OECD 평균보다 많으며, 평균에는 도·농간의 극심한 인원수 격차가 있다는 사실도 고려해야 한다"며 "특히 코로나 상황에서도 학급 인원이 20명 이하인 소규모 학교·학급 등은 등교 수업과 정상적 교육 활동을 이어가고 있다"고 말했다.
학급당 학생 수 20명은 코로나 상황에서 물리적 거리두기가 가능한 최소한의 조건이라는 설명이다.
전교조는 "대면 수업이 가능한 조건을 만들어 정상적 교육 활동을 보장하는 것이 교육 당국의 역할"이라며 "교육 당국은 이를 위해 정책의 우선순위를 세우고 예산을 과감하게 투입해야 한다"고 강조했다.(…)
[2020년 9월 22일 에듀인뉴스 '학급당 학생 수 20명 이하로!…전교조, 전 국민 서명운동 시작' 보도 인용]

실현될 수 있다고 주장했다.

학급당 적정한 학생 수와 함께 고려해야 할 부분은 교사 정원이다. 교사 정원은 학급을 기준으로 편성해야 효과적인 교육이 이뤄질 수 있는데도 정부는 학생 수를 기준으로 배치하고 있다.

전교조는 학생 수에 따라 교사 수를 줄이는 것은 경제논리를 앞세운 것이며 기계적 행정이라고 지적했다. 학급에 맞춰 교사 수를 늘려야 교육의 질을 높이고 업무 개선 효과도 거둘 수 있다는 점을 강조했다.

하지만 이에 대해 정부는 과밀학급 해소 대책을 제대로 마련하지 않고 있다. 기간제 교사 등의 땜질 처방을 내놓는 데 급급한 실정이다.

누구나 색색으로 빛나는 교육

우리나라에서 오랫동안 자리 잡아 온 입시 중심의 교육 시스템은 많은 문제점을 안고 있다.

우리나라 교육은 오직 대학 입시를 목표로 한 시스템에 의해 작동된다고 해도 과언이 아니다.

학생들은 유치원이나 초등학교 시절부터 대학 진학에 초점을 맞춰 공부 계획을 세우고 실천하게 된다. 이 과정에서 학생의 가치를 평가하는 척도로 자리매김하는 것은 시험 점수다. 점수를 위한 주입식 교육에 매몰되면서 창의적이고 자기 주도적인 학습은 뒷전으로 밀릴 수밖에 없다. 과도한 사교육 의존 문제도 심각하다. 공교육의 범주인 학교 안에서 교육이 충분하지 않다고 느끼면서 학생들은 학원으로 몰리고 부모는 과도한 사교육비 지출로 어려움을 겪게 된다. 이는 다시 경제적 격차가 곧 학업 성취도의 격차로 이어져 교육 기회의 불균형을 초래하게 된다. 교사와 학생 간 건강한 소통이나 관계 맺음에 어려움을 겪고 수시로 변화하는 입시제도에 적응하기 어렵다는 지적도 있다.

많은 교육 관계자들은 현재의 입시 체제에 대해 하루빨리 대안을 만들어야 한다고 주장하고 있다. 특히 시대에 걸맞은 교육 헌법이 만들어져야 한다는 목소리가 높다.

우리의 헌법은 지난 1987년 개정된 이후 한 번도 바뀐 적이 없다.

헌법 31조는 '모든 국민이 능력에 따라 균등하게 교육을 받을 권리를 가진다'고 했지만 '능력'이라는 용어의 해석이 위험할 수 있다는 지적이 있다. '능력에 따라 권리를 제한할 수 있다'라는 논리로 해석될 수도 있기 때문이다. 사회적 지위나 경제력이 있을 땐 수준 높은 교육을 제공하고 그렇지 못할 경우 낮은 교육을 감수해야 한다는 의미로 이해될 가능성이 있는 것이다.

이에 따라 31조는 '국가는 개인에게 질 높은 교육을 보장한다'로 바꿔야 한다는 주장이 설득력을 얻고 있다. 이를 통해 '질 높은 교육'을 위해 어떻게 할 것인가를 고민하게 되고 궁극적으로 '민주시민 양성'에 초점을 둠으로써 입시 중심 교육을 벗어날 수 있는 전제가 될 수 있다는 얘기다.

전남지역에서 학생들을 가르치면서 체감한 일 중 하나는 교육 불평등이다.

지금은 대도시와 소도시, 도시와 농어촌 간 불평등이 엄연히 존재하고 있다. 부모의 사회 경제적 차이가 고스란히 교육의 차이로 이어지고 있다. 서울 강남지역의 학생과 농촌의 작은 학교에서 공부하는 학생 간 격차가 극명하게 드러나고 있기 때문이다. 이는 누구나 행복하게 하는 교육이 아니라 불행하게 하는 교육이 되고 있다.

이에 앞서 입시 중심의 교육과정으로 인해 왜곡된 초·중등 교육프로그램을 바로잡는 일이 선행돼야 한다는 주장도 있다.

현재 일선 초·중등학교에서 진행하는 교육 과정은 대학 교수들이 짜 놓은 것이다. 그러다 보니 수업의 양도 많고 내용도 너무 어렵게 구성 됐다는 지적이 끊이지 않고 있다.

특히 수학이 대표적이다. 우리나라 수학의 국제학업성취도는 세계 어느나라 학생들에게도 뒤지지 않지만 수학에 대한 자신감과 흥미는 매우 떨어지는 것으로 나타나고 있다. 수학의 고비를 넘지 못해 '수포자'(수학포기자)가 생기고 다른 과목에의 관심도 낮아지는 도미노 현상으로까지 이어지고 있다.

학생들이 수학을 보다 쉽게 접근할 수 있도록 하기 위해서는 모든 학생들이 수업에 참여하도록 하는 과정이 중요하다. 교구를 통한 실험이나 스토리텔링을 병행하고 학생들이 스스로 문제를 해결할 수 있도록 유도하는 것이 바람직하지만 현재의 수업은 진도가 빠듯해 엄두를 내기 어려운 실정이다.

여름학기제를 운영한다면

대학 입시제도와 함께 자주 언급되는 문제는 학제 개편이다.

일부 교육 관계자들은 초·중·고교부터 대학까지 9월에 새 학기를 시작하자는 주장을 하고 있다. 미국과 유럽은 물론이고 중국까지 세계적 기준으로 자리 잡고 있는 제도인데 우리나라는 봄을 고집하고 있다. 현재 봄에 첫 학기를 시작하는 국가는 경제협력개발기구(OECD) 회원국 중 한국과 일본, 호주뿐이라고 한다.

대부분 9월 신학기제를 운영하다 보니 한국인이 유학을 가거나 외국에서 유학을 오는 경우 6개월간의 공백이 생길 수밖에 없다.

학생들의 수업 효과 역시 여름보다는 겨울이 낫다. 여름에는 무더위로 인해 학생들이 공부에 집중하지 못하는 경향이 있기 때문이다.

학사 운영상으로도 수능 시험 이후 생기는 학업 공백을 줄이고 겨울방학 대신 여름방학 기간을 늘려 학생들의 체험활동을 장려할 수 있다. 학생들의 신체 발달이 점점 빨라지고 있는 상황인 만큼 취학 연령을 6개월 가량 앞당기고 사회 진출도 빨리 해 생산인구 감소에 효과적으로 대응할 수도 있다.

물론 반대 의견도 있다. 가장 큰 장애 요인으로 꼽는 것은 사회적 부담이다. 정부와 기업 대부분이 1월부터 12월까지 한 회계연도로 하고 있고 대학능력시험이나 기업 채용 시기 조정 등에 따른 사회적 혼란 비용도 만만치 않을 것으로 예상한다.

9월 학기제 개편과 관련해 그동안 여러 차례 논의도 이뤄졌다. 김영삼 대통령의 문민정부 시기에 '8·9월 신학년제' 전환이 제안됐고 노무현 대통령의 참여정부 당시에도 중점 논의됐으나 '중·장기적 검토 과제'로 넘어가고 말았다. 박근혜 정부 때도 교육 국제화 방안 측면에서 잠시 거론됐다가 현실화 되지는 못했다.

하지만 지난 코로나19 팬데믹은 학기제에 대해 새롭게 논의할 수 있는 계기가 됐다. 학업 공백이 빚어지고 학기가 밀릴 수 있었던 만큼 각계각층의 의견을 수렴하고 충분한 검토 과정을 가져볼 수 있을 것이다.

중·고등학교에서 운영 중인 수업 시수도 재검토해야 한다는 주장이 있다. 현재 한 학기당 17주로 구성돼 있다 보니 시간 확보가 쉽지 않다는 하소연이 늘고 있다. 학교마다 주어진 여건이 다르고 학사운영이 다르다는 점이 원인이다. 실제로 학교 사정에 따라서는 15주나 16주의 수업이 이뤄지는 경우도 있다. 부족한 시간은 학교에서 수업을 보충하는 시간을 마련해 운영하든가 문서상으로만 수업이 이뤄지기도 한다.

이에 따라 모든 학교의 원활한 교육과정을 위해 최소 수업 시수 기준을 마련하거나 학교 여건에 따라 자율적으로 운영할 수 있도록 보장해 주는 제도가 마련될 필요가 있다.

장관호

진보교육감 12년의 과정에서 무상급식을 통한 보편적 교육복지의 실현,
혁신학교를 통한 초·중등 교육의 새로운 전환점 마련,
학생 인권 중심의 민주시민 교육을 통한 인권 의식 성장 등의
성과가 있었다고 평가할 수 있습니다.
이러한 성과들은 이후에도 시대적 요구와 지역 특색에 맞게
변화·발전시켜야 할 지속적인 과제가 될 것입니다.
하지만 이러한 성과들만으로 교육 문제가 모두 해결되었다고 보기는
어렵다고 생각합니다. 고용 구조 문제와 대학 입시 체제의 문제 등
보다 근본적인 사회적 이슈들이 여전히 남아있습니다.
이 문제들은 교육감들이 공동으로 대응해야 할 전략적 과제이며,
이를 위해 사회 연대 전략이 필요할 것입니다

3부_나아갈 길

대담

사람이 사람을 남기는 교육이야기
김승환
전) 전북교육감

한국 교육의 길을 묻다
한만중
전) 서울시교육청 정책기획관

사람이 사람을 남기는 교육이야기

김승환

지난 2010~2022년 제16~18대 전북교육감을 지냈으며,
제15대 한국헌법학회 회장을 지냈다. 지금은 재야 생활을 하고 있다.

장관호 선생님과 김승환 전 전북교육감(왼쪽)이 전남 무안 전교조 전남지부 사무실에서 대담을 나누고 있다.

장관호   교육감님 오랜만에 뵙습니다.(웃음)

김승환   반갑습니다. 교육 현장에서 애쓰고 계시는 선생님을 만나니 너무 좋습니다.(웃음)

장관호   김 교육감님은 지난 2010년부터 2022년까지 전북교육감을 맡아 지역 교육을 이끄셨습니다. 오늘은 그와 관련해 교육감님께서 직접 느끼고 체감한 부분을 듣고 싶어 자리를 함께 했습니다.

김승환   네. 저 역시 장 선생님이 그동안 교육 현장에서 느끼신 많은 이야기들을 듣고 싶네요(웃음). 장 선생님이 교직 생활을 시작한 게 언제셨나요?

장관호   1999년 11월 1일이었습니다. 영광여중으로 첫 발령을 받았었죠.

김승환   그러셨군요. 첫 날 출근하셨던 기억이 엊그제처럼 선명하실텐데요.

호기심·궁금증 살려주는 교육

장관호   자연스럽게 이야기를 시작해볼까요? 오늘 교육이야기를 나누어보자는 자리인데요, '교육이란 무엇인가' 할 때 어르신들이 가끔 그런 이야기를 해요. 한국 사회가 해방된 이후로 한국전쟁도 겪었지만 그나마 교육이 있어서 성장할 수 있었다는 것이죠. 얼마 전 뉴스를 봤더니 우리나라가 수출 5위 구간에 들었다고 그러더라고요. 우리나라가 입신양명의 경쟁교육을 하다 보니 그만큼 이 사회가 발전을 했다. 교육은 원래 그런 역할을 해야 된다는 주장에 대해 어떻게 생각하세요?

김승환   전체가 아니라 한 부분만 바라보는 시각에서는 그런 견해가 있을 수도 있겠지요.

장관호   저는 교육을 아주 단순히 이야기한다면 아이들이 자기 삶의 주인공으로 살아갈 수 있는 역량을 키워주는 것이라고 생각합니다. 자존감도 세워주고 아이들이 자신에 대한 자부심도 느끼면서 이 사회에서 스스로 뿌듯하게 살 수 있도록 돕는 것이죠. 그런데 가끔 회의를 느낄 때가 있었어요. 제가 근무하는 중학교 3학년 아이들에게 물어본 적이 있습니다. "너희들 공부는 어디서 배우냐?"고 질문했더니 "학원에서요"라고 대답하는 겁니다. "그럼 학교에서는 뭐해?"라고 다시 물었더니 "친구 만나고 맛있는 급식 먹죠"라고 하더라고요. 이 이야기를 듣고 저는 충격을 받았습니다. '그러면 학교와 교육은 도대체 어디로 가야 하느냐' 이런 고민들이 커졌습니다. 이와 관련해 교육감님께서도 많은 고민이 있으셨을 것 같습니다.

김승환 음…. 유치원 아이들의 가슴속에 들어 있는 것이 있거든요. 호기심과 궁금증이죠. 우리나라를 제외하고 거의 모든 나라가 유치원에서 문자나 숫자 교육에 치중하지 않습니다. 아이들의 가슴속에 있는 궁금증을 되레 죽인다고 보는 것이지요. 어떤 아이들은 유치원에서 아무도 가르쳐주지 않았는데 글자를 읽어요. 유치원 단계에서는 아이들이 글자를 찾아가는 게 아니라 글자가 아이들을 찾아온다는 것입니다. 그래서 아이들은 먼저 그림을 그리고 밑에 글을 쓰는 방식으로 해요. 그렇게 그림으로 아이들의 가슴에 들어간 그 글자는 아이들이 절대 안 잊어요. 아이들에게는 항상 '발견하는 즐거움'이 있어야 합니다. 그래서 유럽의 유치원 교육을 보면 거기에서는 교사가 항상 아이들한테 아침에 맨 처음 하는 말이 "함께 잘 놀아라" 입니다. 아이들을 그냥 딱 풀어놔요. 그렇게 한 후 교사는 관찰만 하는 거죠.

장관호 우리도 갈수록 놀이 교육과정을 많이 도입시키려고 하는 것 같기는 합니다.

김승환 그렇다고 방임하면 안 되거든요. 아이들을 자연스럽게 풀어주면서 그걸 지켜보는 것이지요. 그리고 어린아이 단계에서 노는 학습이 제대로 돼 있는 사람들이 나중에 노년에 가서도 은퇴 생활하면서 잘 놀아요. 내 눈으로 직접 봤는데, 영국 런던의 한 식당에서 할아버지 할머니 여러 분이 들어 오셨는데 손님이 많아 좀 기다리라고 하니까 앉아서 손가락을 계속 꼼지락거리며 놀이를 하는 거예요. 유치원 아이들과 똑같아요. 손가락 가지고 이렇게 저렇게….

장관호 그 이야기 들으니까 '나이가 들수록 애가 된다'라는 말이 떠오르네요.(웃음)

김승환 지금 우리 두 사람 속에도 그 시절의 아이가 들어 있어요. 칠레의 시인 파블로 네루다가 이런 말을 했잖아요. '놀지 않는 아이는 아이가 아니다' 고요. 이런 식으로 어렸을 때부터 쭉 아이를 품고 살아가다 보니까 싸우면서도 잘 커요.

놀지 않는 아이는 아이가 아니다

장관호 갈등 역시 배우고 성장하는 과정으로 볼 수 있는 거지요.

김승환 그런 거죠. 갈등(葛藤)이라는 한자가 칡나무하고 등나무로 이뤄진 것이죠. 얘네도 엄청 싸운대요. 근데 둘이 또 잘 자란대요. 한 어머니 뱃 속에서 나온 아이들도 싸우잖아요.

장관호 저희 어렸을 때는 대부분이 오 형제거나 많으면 칠 형제 그랬었잖아요. 그 안에서 서로 싸우고 다투면서 배우고 또 관계도 깊어지고 하는 과정을 겪었죠.

김승환 그러니까 그 자체가, 그 공간이 바로 교육 현장이거든요. 교육이라고 하는 것이 물론 학교교육 중심이지만 이게 유일한 교육 현장은 아니라는 겁니다.

장관호 뭔가 배우고 익히고 성장하는 모든 곳은 다 교육이 일어나는 곳이라는 말씀이시죠? 그런데 유달리 우리 교육은 학교 과정이 치열했다고 봅니다. 교육감님 학교 다니실 때, 그때 당시에는 중학교도 시험 보고 들어가지 않으셨습니까?

김승환 1960~1970년대는 이렇게 치열하지 않았어요. 그렇게 막 머리 싸매고 공부하지는 않았고, 당시에는 어떻게 다 또 그렇게 하다보면 모두 학교에 들어갔어요. 교사나 교수가 교실이나 강의실에서 말을 너무 많이 하면 이상하잖아요. 딱 그 핵심만 이렇게 짚어주는 거죠. 그렇게 하고 나면 그 다음에는 아이들에게 여백을 주는 거예요. 학습의 여백을 주는 거라고요. 역설적으로 교육과정이 촘촘하지 않다 보니까 여백이 생기죠. 그 여백이 뭐였냐 자기가 하고 싶은 걸 했단 말이에요. 그때 가장 많이 했던 것이 책 읽는 거였어요.

장관호   굳이 강제하지 않아도 자연스럽게 책을 접할 수밖에 없는 문화가 됐다는 말씀이네요.

김승환   예. 전문 용어로 '거리 유지'라고 하는데, 예를 들어 우리나라도 그렇지만 독일에서도 국가 예산으로 정당에게 보조금을 준단 말이에요. 이게 헌법적 쟁점이 된 거예요. '이게 위헌이냐 합헌이냐.' 이렇게 된 거죠. '하지 마라'는 쪽에서는 국가와 정당, 그리고 국가와 시민사회 영역이 서로 적정한 거리를 유지해야 된다는 주장을 폈어요. 일정한 거리를 유지하지 않으면 어느 한쪽이 다른 쪽을 잠식한다는 것입니다. 그럼 그 시민사회 영역이 자기가 하고 싶은 말을 못하는 거예요. 그래서 결국 어떻게 결론을 냈느냐. 정당 운영에 필요한 최소한의 정도만 지원하고 나머지는 자생하게끔 했어요. 교육현장에서도 이것이 필요해요.

진정한 의미의 교육공동체는

장관호   우리는 '물고기를 잡아줄 것이 아니라 물고기 잡는 법을 가르쳐야 한다'고 이야기하잖아요. 그런데 프랑스 작가 생텍쥐페리의 '어린 왕자'에 보면 배를 만드는 방법을 가르쳐주는 게 아니라 아예 그 배를 없애버리고 대양을 보여주는 것이 중요하다는 내용이 나오거든요. 호기심을 자극하고 그것을 채우는 교육이 필요한 것 같습니다.

김승환　책에서는 아마 이런 뜻일 거예요. 아이들에게 정확하게 인식의 창을 먼저 열어줘라, 는 의미로….

장관호　열어놔야 된다. 감춰두지 말라는 말이죠.(웃음) 최근 한 청소년 활동가가 학교 밖 청소년들과 야외에서 직접 불을 피우고 밥을 지어 함께 밥상을 차렸다며 이것이 진정한 교육이지 않느냐는 이야기를 해서 공감이 많이 됐습니다. 자기 손과 발을 움직이면서 다양한 것들을 체감하고 좀 더 인간적인 이야기를 나눌 수도 있었을 것 같아요.

김승환　예 그러니까 이거죠. 교사와 아이들 사이에도 거리를 유지해야 한다는 거거든요. 교사는 아이들을 계속해서 지켜봐야 한다. 지켜보고 있다가 어느 순간에 '이건 내가 개입을 해야 되겠네'라는 판단이 선다면 들어가는 거죠. 그러니까 교사의 개입은 2차적인 것이다. 1차적으로는 아이들 손에 맡기는 거다. 아이들 사이 다툼이 있잖아요. 그것은 이렇게 그냥 보는 거죠. 왜냐하면 그게 성장기의 특징이니까. 그리고 아이들은 전두엽이 미발달 상태이기 때문에 어른들은 그냥 지나치는 일도 '이 친구 눈빛이 이상하다'고 해서 다투고 하잖아요. 이는 아이들이 성장 과정에 있는 거다. 이렇게 생각하며 쭉 지켜보다가 '저 아이들이 스스로 해결을 못하겠네' 싶을 때, 그때 2차적으로 보충적으로 들어가는 겁니다. 그리고 한 아이의 성장을 위해서는 교사만 주시해서는 안됩니다. 엄마, 아빠가 하나같이 다 지켜보고 있어야죠. 그것이 말하자면 교육 공동체라는 거예요.

장관호　그렇죠. 가정과 학교, 지역이 다 같이 움직여야죠. 저희들이 바라는 건 지역 교육, 지역과 학교와 가족이 아이에 대한 이야기를 잘 나눌 수 있는 공간 또는 문화가 필요하다는 거죠. 그래야 애들이 잘 놀 수 있는 공간을 만들고 또 배우고 익히는 공간도 제공해 줄 건데 이런 네트워크가 잘 형성되지는 않은 것 같아요.

김승환　처음에 교육감을 맡자마자 학부모들을 많이 만났어요. 그때 들었던 말인데요. 어느 초등학교에서는 아침 1교시 수업이 시작하기 10분 전에 엄마들께서 교실에 들어가 책을 읽어 준대요. 그걸 듣고 있던 아이들의 눈에서 눈물이 흐르기 시작한다는 거예요. 엄마가 읽어주는 책에 감동을 해서 눈물을 흘린다는 겁니다. 깜짝 놀랄 정도로 느낌이 다르더라고요. 제가 초창기 전북 교육의 비전을 '가고 싶은 학교, 행복한 교육 공동체'로 정할 때 그냥 쓴 게 아니에요. 정말 그렇게 되면 좋겠다는 소망이 있었습니다.

장관호 저도 비슷한 경험이 있어요. 제가 청호중학교에서 혁신학교 할 때 수업을 해도 그냥 계속 멍하니 앉아 있거나 장난만 치는 아이들이 있었습니다. 그래서 '저 친구들을 어떻게 했으면 좋겠느냐'라고 논의를 했는데 첫 번째는 수업을 빼서 애들한테 기본 교육을 해줘야 된다. 그러면 아이들이 낙인 효과가 있어서 안된다. 그럼 6교시가 다 끝난 다음에 보충 수업을 하자. 아, 지난 수업도 많이 힘들어 죽겠다고 하는데 또 남아서 한단 말이냐, 등등의 다양한 이야기가 오갔습니다. 그렇게 학교 내에서 교사만의 역할을 가지고 이야기를 하다 보니까 답이 안 나왔는데 어느 날 학부모들하고 의논하니까 "그럼 우리가 하면 안 되겠냐"고 하시는 겁니다. 학부모들이 3R's 수업을 해주시면서 보듬으니까 낙인 효과도 없어지고 점차 아이들이 그 시간을 너무 좋아했어요. 이처럼 속도가 느리고 아직 준비가 안 된 친구들한테는 그에 맞는 환경과 내용을 주게 되면 애들이 또 그만큼 배우고 성장하는데, 틀에 갇혀서 생각하다 보니까 그런 대안들을 만들지 못했다는 생각이 많이 들더라고요. 학교 안과 밖이 어떻게 결합을 해서 아이들 교육을 잘해 볼 것인가에 대한 하나의 해법이 되지 않았나 생각합니다.

김승환 그러니까 그게 1~2년 전 시스템과 올해 시스템이 다를 수밖에 없죠. 항상 개방성과 가변성이 있어야 되잖아요. 전주에 있는 어느 초등학교인데, 크지는 않은데 작은 학교도 아니에요. 거기에 6급 행정실장이 가끔 나한테 이메일을 보내고 그랬어요. 그런데 그 행정실장이 어느 날 그러는 거예요. '제가 교육감님께 꼭 드리고 싶은 말씀이 있다'고. 그래서 '뭐냐'고 그랬더니 '우리 교장 선생님인데요. 이분은요. 학습 부진이라는 말 대신 노력형 학습더딤으로 표현해서 싹 바꿨다'고 하는 거예요. 그래서 아이들이 그 시간을 기다린다는 거죠. 그 아이들은 자기도 공부를 잘하고 싶거든요. 더 배우고 싶기도 하고요.

장관호 그렇죠. 그 아이들이 공부를 잘해보고 싶은 욕구는 다른 학생들보다 오히려 더 강할지도 모르겠습니다.

아이들은 학습 여백이 중요

김승환 그런데 아까도 이야기했지만 1960~1970년대는요, 교실에서 누가 시킨 것도 아니에요. 그럼에도 아이들이 서로 또래 학습을 했어요. 조금 공부 잘하는 아이가 가르치면서 우쭐하지도 않았고 지금과는 달랐죠. 친구가 와서 가르쳐달라고 부탁하면 '내가 해줘야지' 하는 마음이 있었고, 같이 어울려 다니는 것도 스스럼이 없었단 말이에요. 그런데 이게 왜 가능하냐. 유치원부터 대학까지 전체가 쫙 연결되니까요. 제가 대학 들어갈 때는요 초·중·고 공부한 거 있잖아, 그거 가지고 시험 치르면 됐거든요. 그리고 일단 대학에 자율성을 줬어요. 헌법 31조 제4항에 있잖아요. '대학의 자율성은 법률이 정하는 바에 의하여 보장된다' 그걸 실제로 준 거예요. 그래서 이제 대학에 들어간단 말이에요. 사실은 요즘에 스카이(SKY)라는 말을 쓰는 데 그때는 그런 말 없었잖아요. 쟤는 저기 들어가고 나는 여기 들어갔어. 이거 밖에 없었거든요. 그러니까 어느 대학이든 졸업은 하는 거야. 그리고 학습 능력이라고 하는 것이 다 시계가 다르잖아요. '저 남자는 완전히 저 아래였는데 군대 갔다 오더니 팍 올라갔네' 그런 사례들이 있거든요.

장관호 그런 식으로 해서 대학교 때 갑자기 성적이 크게 오르는 애들이 있었죠.

김승환 그래요. 있다니까요. 그래서 아이들이 다양하게 성장하는 데 정말 중요한 건 뭐냐.

아까 처음에 말한 것처럼 아이들에게 학습의 여백을 줘라. 그리고 그 다음에 교육에서 가장 중요한 것은 우리가 아이들 한 명 한 명에게 스스로 생각하는 힘을 길러주는 거다. 그리고 공부는 뭐냐. 즐거운 것이죠. 게임을 즐기는 것처럼요. 실제로 그 사례 있잖아요. 영국의 철학자이자 수학자인 버틀란드 러셀이 청년기에 두 번 자살 시도했다고 하더라고요. 그런데 자살을 포기한 이유가 뭔 줄 아세요? '아니 이렇게 재미있는 수학을 두고 내가 어떻게 죽어'라고 했다는 것 아닙니까.(웃음)

장관호 우리 학교가 최근 축제 기간이었는데 애들이 춤을 배우면 그렇게 즐겁고 행복한가 봐요. 어려운 동작인데도 호호, 하하 하면서 즐겁고 신나게 배우더라고요. 그 모습을 보면서 '수업이 이렇게 되어야 하는 것 아닌가' 하는 생각이 들었습니다. 그런데 너무 답답해요. 학교 구조 자체가 답답하고 교육과정도 여백이 전혀 없으니까 교육에 대한 이야기를 할 틈이 없어요. '교육이란 무엇인가' 이런 원론적인 질문에 답을 찾는 과정도 아이들과 소통하면서 뭔가 찾아내는 길일 건데 그럴 여유가 없어요. 답답하던 차에 교육감님이 쓰신 '나의 이데올로기는 오직 아이들'이라는 책이 교사로서 제 자신을 되돌아보게 했습니다.

김승환 제가 교육감으로 보낸 12년의 경험과 소회를 담은 책입니다. 하고 싶은 이야기는 너무 너무 많았는데 다 담지 못해서 아쉬워요.(웃음)

장관호 네. 저도 보면서 몇 가지 경험이 떠오르더라고요. 중학교 3학년 한 아이가 가정이 어려워져서 지역을 떠나야 할 형편이 됐어요. 그런데 자기는 기왕에 다니던 학교에서 졸업을 하고 싶다는 거예요. 문제는 그 아이가 살 곳이 마땅치 않다는 것이었습니다. 다행히 우연한 기회가 돼서 옆에 있는 초등학교 관사를 빌려줬어요. 교장 선생님 허락 하에…. 그래서 아이가 공부를 마칠 수 있었고 지금은 자신이 원하는 대학을 갔고 잘 성장하고 있습니다. 또 다른 한 아이는 여러 우여곡절을 거쳐 의붓아버지와 단둘이 사는 사례였습니다. 이 친구는 늦은 시간까지 게임에 빠져 있다 보니 아침에 못 일어나요. 그래서 제가 일주일 정도 아이를 아침에 깨워서 학교에 데리고 갔습니다. 그런데 또 심리적인 이유인지, 환경적인 탓인지 모르겠지만 심

	하게 변비를 앓고 있더라고요. 그래서 화장실 앞에서 1시간을 기다린 적도 있었습니다. 하지만 제가 그 한 학생만을 돌볼 수는 없었기에 꾸준히 등교를 시키지는 못했습니다. 결국 아쉽게도 그 애는 졸업을 못했어요. 그 아이를 보면서 교육복지사가 필요하다는 것을 절감했습니다. 그런 친구들은 교육적으로 복지 역할을 담당하시는 분이 같이 돌봐주면 좋겠다는 생각이 들었습니다.
김승환	아이들이 어른들을 바라볼 때요, 아이들이 마음에 들어하는 어른은 그것인 것 같아요. 나를 진심으로 대한다. 그리고 내가 어리지만 나를 존중해준다. 그리고 나를 믿어준다. 그리고 여기 이런 분 정도면 혹시 내가 무슨 어려움이 있을 때 나를 도와줄 수 있지 않을까? 하는 것들이죠. 가슴 아프지만, 극단적인 선택을 하는 아이들 있잖아요. 딱 마지막 순간에 이것이 하나가 부족해서 떠난다고 하더라고요. 자기가 기댈 수 있는 친구가 없다는 얘기예요. 그래서 아이들이 성장하면서 어른들에 대한 신뢰가 쌓이고 그 신뢰가 자기 지역사회에 대한 신뢰로 가고 그 다음에 국가에 대한 신뢰로, 그래서 항상 내 나라는 대한민국이고 자랑스러운 나라, 이런 나라에서 내가 태어난 건 정말 행운이야, 이러면 자꾸 긍정적인 에너지를 채워나가는 인간으로 성장하는 거죠.

아이들은 치유의 힘이 있다

장관호	교육감직을 수행하면서 일이 많으실텐데도 아이들을 꾸준히 만나신 것 같아요.
김승환	아이들을 만나는 시간이 숨구멍이 열리는 시간이었어요. 나는 사소한 고생도 많았잖아요. 그러다가 어느 순간에 절대 고독의 순간에 들어가고 폭풍우가 몰아치는 그 황량한 사막에서 나 혼자 말에 딱 올라서 있는 그런 느낌도 들고 할 때 결단을 내려야 되는 상황이 생깁니다. 그 결단에 대한 책임은 백 퍼센트 내가 지는 것이거

든요. 그럴 때 아이들을 한 번씩 만나요. 그래서 만나면 쫙 풀어주고 가요. 그래서 어른들과의 만남은 상당히 절제를 많이 했는데 아이들과의 만남은 백 퍼센트 완전히 열었습니다. 아이들이 요청하면 한 명이든 10명이든 상관없이 만나자고 하면 장소에 나가요. 그런데 나중에 보니까 이게 바로 나를 위한 것이었더라고요. 어른들과 만나면 뭐가 남는지 아세요? 피로가 남거든요. 아이들과 만나면요, 치유가 되는 거예요. 치유가 되는 거야. 우리 다 자녀들 키워보셨잖아요. 하루 종일 여러 일 겪다 보면 완전히 기분이 망가지고 해서 집에 가는데 문 열자마자 '아빠' 하고 아이들이 말할 때, 그 순간 싹 풀어지는 거 있잖아요.(웃음)

장관호 제가 학생 수 800명이 있는 학교의 학생부장인데, 등교 맞이를 해요. 애들 전체를 모르니까 우선 등교 맞이를 해야 아이들 얼굴도 알고 서로 교감도 하고 그럴 수 있잖아요. 그런데 어느 날 '내가 아이들을 맞이하고 있다기보다는 나 스스로 나의 피곤함과 지친 마음을 등교 맞이하면서 치유하고 있었구나' 하는 생각이 들더라고요. 왜냐하면 그때가 가장 편안하거든요. 퉁명스럽든 상냥하든 아이들과 나눈 대화들 하나하나가 나한테는 즐거움이었는데 그것이 아이들이 제게 준 치유의 힘이 아니었나 싶습니다.

김승환 이 부분과 관련해서는 이게 그냥 내 하나의 감상일까, 아니면 무슨 의학적인 근거가 있는 걸까 궁금하더라고요. 그래서 정신의학자한테 물어봤어요. "어떤 거냐?" 물었더니 "맞다. 그것은 에너지다"고 하더라고요. 아이에게서 치유의 힘이 나오는 겁니다. 그걸 우리가 많이 담아야 되는 것이고요.

장관호 그런 것 같아요. '내가 이 아이들과 함께 하면서 스스로 잘 치유했구나', '내 삶이 힘들 때 이것이 힘이 되는구나'라는 걸 체감할 수 있거든요. 아침에 학생들 등교 맞이를 할 때도 애들이 한 명씩 쭉 가요. 그런데 나는 이 아이들이 너무 귀엽고 예쁜 거죠. "선생님 어제 남친이랑 헤어졌어요" "왜?" "5일 만에 헤어졌어요" 하는데 이런 이야기들이 아이들에게는 무거운 얘기이기도 하겠지만 서로의 관계에서는 뭔가 회복이 되는 느낌이 분명 있거든요.

김승환　교사도 외롭죠. 교사도 고독하고 계속 상처받고 좌절하고 있고…. 그런데 거기서 그 상태 그대로 머물러 있는 것이 아니라 스스로 회복하는 힘을 길러내야 되는데, 어떻게 보면 그런 계기들이 있기 때문에 교사들의 삶이 행복하지 않나, 라고 생각합니다.

학생들 자기 주도력 높여줘야

장관호　이건 조금 다른 이야기일 수 있습니다만, 학생들이 공부를 어렵다, 힘들다면서 자포자기하고 심지어 '언포자'(언어영역 포기자), '수포자'(수리영역포기자)까지 생기는 문화를 어떻게 극복할까 참 답답하기도 하더라고요.

김승환　우리나라 교육에 대해서 '그나마 대한민국 교육이 있었기 때문에 우리가 이렇게 부강한 나라가 되었다' 이런 말 했었잖아요. 그런데 요즘 아이들을 가리켜 '배부른 돼지'라고 어른들이 말을 합니다. 요즘 아이들은 체격은 커졌는데 체력은 약해졌다고도 하죠. 그런데 체격이 중요하지 않다는 게 아니라 체격은 작아도 체력이 강해야 됩니다. 그래야 애들이 함부로 쉽게 안 쓰러져요. 왜냐하면 내 인생 내가 딛고 살아야 하거든요. 그리고 인간이라고 하는 존재가 본질적으로 자유로운 존재입니다. 자유로운 존재가 자율적인 존재예요. 애기들 키울 때 그러잖아요. 아빠가 "이것 아니야" 해도 아이는 "아니 내가 할래, 내가 할래" 그러잖아요. 바로 그거예요. 애들이 내야 할 목소리도 많고 그러잖아요.

장관호　자율과 자유 속의 관계 맺음, 이런 것이죠. 이런 과정 속에서 성장해야 된다는….

김승환　그러니까 그래서 독일의 부모 자식의 관계에서 아이들 입에서 가장 많이 나오는 말이 "아빠 이거 내가 알아서 할게요."라는 거라고 하잖아요. 우리가 흔히 이야기

	하는 '자기 결정권'이죠. 걔네들은 어느 순간부터 그것이 몸에 배어 있는 거예요.
장관호	요즘은 아이들 이야기할 때 학습 주도성을 많이 이야기하고 있어요. 자기 주도성을 높여줘야 한다. 이후 미래 교육과정에서도 자기 주도력을 많이 높여내는 것이 방금 이야기한 자율성과 자유 이런 문제와 관련이 돼 있는 것 같아요.
김승환	예. 우리가 모두 교육자 출신이잖아요. 교육자 출신들에게 공통적으로 이런 문제가 있어요. 어느 한 현상이 나타나면 그것을 언어로 표현해 버려요. 그런데 굳이 그럴 필요 없습니다. "애들아, 가서 놀아." 그럼 놀면 그렇게 되는 거예요. 그걸 굳이 언어로 표현하면 아무 의미 없어요.
장관호	전적으로 동의합니다. 제가 과학 쪽이라서 많은 언어보다는 "이렇게 잘 놀아" "자유롭게 실험을 해봐야지"를 강조하고 있거든요.
김승환	우리 조선 사람들이 일제 강점기를 견디지 못하고 많이 빠져나갔잖아요. 그때 일본 오키나와 제도에 일본과는 별개로 독자적인 역사를 형성한 류큐왕국(琉球王國)이 존재했거든요. 군주체제였죠. 거기로 빠져나가고 어디 멕시코, 쿠바, 하와이 엄청 빠져나갔잖아요. 그리고 만주로도 많이 빠져났죠. 그런데 그 학교들이 굉장히 좋았던 것 같더라고요. 우리 현대사에서 중요한 인물들이 많이 나오기도 했지요. 그래서 그 중국의 한족들 사이에 '만주에 있는 학교, 거기가 좋다더라' 해서 애들을 보내요. 그리고 그 당시 교사들이 학생들을 대하는 자세는 우리나라 최초의 영화감독 나운규의 사례를 보면 알 수 있어요. 수업 시간에 선생님이 보니까 나운규가 저쪽 뒤에 앉아서 공부는 하지 않고 혼자서 뭘 쓰며 히득거리고 있었던 거예요. 그런데 선생님은 전혀 간섭을 하지 않고 내버려뒀다고 해요. 나중에 나운규가 영화 공부를 하기 위해 일본 동경으로 가서 면접을 보는데 1분 안에 심사위원들을 웃겨보라고 했다네요. 그런데 나운규가 정말 1분 안에 웃겼다는 겁니다. 정말 아이들은 미스터리에요. 무한한 잠재력은 아무도 모른다니까요.
장관호	그렇죠. 우리가 가둬 놓지만 않으면 어떤 능력이 발휘될지 알 수 없겠죠. 잘 지켜

보면서 가둬 놓지만 않는다면요.

김승환 그때 교사들은 교육이 무엇인지 교육의 본질을 알았다는 거죠. 점수가 중요한 게 아니다. '쟤는 지금 점수는 꼴등인데 그래도 알 수 없어.' 마음 속으로 그런 여유를 가졌단 말이에요.

내가 교육감 1기 초반쯤일 때인 데요. 어떤 학부모가 페이스북에 질문을 했어요. '교육감님, 제가 학교 다닐 때는 중학교 2학년 돼서야 과학에서 상대 속도를 배웠습니다. 지금은 제 딸이 초등학교 4학년인데 상대 속도를 배우고 있어요. 이게 어떻게 된 겁니까?'

장관호 그러니까요. 너무 어려워요. 아니 교육과정을 왜 이렇게 어렵게 짤까요?

김승환 우리 때는요. 엄마 아빠가 초등학교만 나왔어도 집에서 아이들을 가르쳤어요.

장관호 그리고 저희 중학교 때 영어 첫 수업 시작할 때 ABCD부터 가르쳐줬거든요. 알파벳부터 외우라고요. 그런데 지금 중학교 1학년 영어 보면 완전히 다르죠. 아까 아이들 삶 속에서 또 교육 문제에서 여백이 있어야 되는 것 중에는 시간과 공간의 문제도 있겠지만 교육과정 내용도 있거든요. 너무 어렵다는 거죠. 교육과정을 아이들 발달이나 성장 단계에 맞춰서 여유를 줘야 한다는 생각이 듭니다.

마음의 근육을 키워라

장관호 요즘 유·초·중등 교사들이 역할을 하기가 쉽지 않습니다. 교육감님 말씀 중에 진짜 멋졌던 이야기는 "나는 교육감으로서 교사를 외압으로부터 보호하는 역할이 가장 중요하다고 생각한다. 그래서 교사들이 마음대로 교육과정이나 학교 교육 활동을 하실 수 있도록 했으면 좋겠다"는 것이었거든요. 이렇게 봤을 때 교육감님이 생각하는 우리 교사들의 삶 그리고 그 책임감에 대한 이야기도 들려주시면 좋겠습니다.

김승환 내가 만난 교사 중에는요. '저 선생님은 지금 저 아이를 저렇게 열정적으로 돌보고 가르치고 있는데 저 아이의 친아빠 엄마가 저 정도 할 수 있을까' 하는 분들이 계시거든요. 그리고 몇 사람 내가 그 경험을 했는데 스승의 날 상 주는 거 있죠?

장관호 스승의 날 주는 장관상이나 대통령상 말씀인가요?

김승환 정확히는 기억나지 않는데 그것을 안 받는다고 거부하는 사례가 몇 번 있었거든요. 그때 받은 느낌이 그거예요. 요즘 교수들이 대통령이 주는 훈장 안 받는다고 선언한 사례와는 비교가 안 됩니다. 그걸 다 그걸 받고 싶어 하거든요. 그런데 그걸 안 받는다고 거절하는데 그냥 거절하는 것이 아니라 '교육감 당신이 나를 어떻게 봤어?' 하는 식이에요. 내가 이런 상이나 받는 존재야? 왜 당신이 내 인생을 저평가해. 내 인생은 연습이 아니야. 내 인생 내가 평가한단 말이야. 당신이 평가하지 마라. 그것이거든요. 그런 교사를 여러 명 봤습니다.

장관호 네, 저도 그런 분들 많이 봤습니다. 정말 훌륭하신 분들이죠. 하지만 일반적인 교사들을 생각하면 안타까운 지점이 있습니다. 서이초등학교 교사나 인천 특수교사의 죽음을 보면 '우리가 동료 교사인데 왜 함께 있지 못 했을까' 이런 안타까움이나 답답함이 있거든요. '어려움에 처했을 때 동료 교사로서 같이 맞잡고 한 걸음 한 걸음 더 나아가자. 손잡고 좀 쉬자.' 이런 이야기를 할 수 있는 건데 그런 문화나 분위기가 형성되지 못했던 게 아쉽습니다. 그리고 또 제가 자괴감이 든 것 중에 하나가 얼마 전 학생들 행복지수를 봤더니 OECD 22개 국가 중에서 22등이더라고요. 이걸 보면서 대체 어떻게 해야 되는 거냐. 어쨌든 교사들은 뭔가 자신감을 얻고 자존감을 세워서 아이들과의 관계, 행복한 관계를 다시 회복하는 뭔가가 있어야 되는 거 아니냐, 이런 고민이 많이 생겼습니다.

김승환 교사들이 네 시 반에 모든 일과가 끝났는데 거기서 뭔가 또 준비하고 책을 보고 하는 거예요. "선생님, 이 시간에 뭐 하는 거야 빨리 퇴근해야지?"라고 해도 짐을 정리하지 않고 일을 해요. 그런데 이렇게 가장 열정적으로 하는 집단이 교사들이더라고요. 영리하고 성실해요. 그런데 마음의 근육이 약한 거야. 마음의 근육도 이게 정지돼 있는 것, 고정돼 있는 것이 아니고요, 자꾸 터치를 잘 해 주면 스스로 성장하는 그런 거더라고요. 그러면 그것이 성장하는 계기를 만들어야 되잖아요. 그것이 관계를 형성하는 거예요. 교사가 서로를 지탱해주는 관계를 만들지 않고는 어려워요. 이것은 절대 국가에 기대할 수는 없는 거예요.

장관호 마음의 근육을 키워야 한다는 데 공감합니다. 저도 가끔 동료 교사들과 이야기를 나누는데, 한 선생님이 아이 문제로 너무 화가 나서 울면서 하소연한 사례가 있었거든요. 그런데 다음 날 내가 뭐 특별히 답을 준 것도 아닌데 그 선생님이 "고맙다"고 하시더라고요. 그래서 마음속에 있는 것들을 토해내니 여유도 생기고 다시 되돌아볼 수 있는 계기가 되지 않았나 싶었습니다. 그런데 일반적으로는 토해낼 수 있는 여유가 없이 안으로만 계속 되새김질을 할 수밖에 없는 구조가 되다보니 교사들 개개인이 너무 힘들어져 버린 거죠.

학부모 교육이 필요하다

장관호 또 한편에 저희 교사들이 요즘 힘든 것이 학부모들과 갈등이 너무 많다는 점입니다. 학생, 학부모, 교사 이렇게 교육의 3주체가 서로 역할을 잘해야 하는 거 아니냐고 하는데 이를 회의적으로 보는 분들도 계시거든요. 완도에서 어떤 학부모님을 만났는데 그분은 학교 운영위원을 하고 계시는데 '꼭 학부모 교육이 아니더라도 학부모들한테 충분한 정보와 자료를 제공했으면 좋겠다'라는 말씀을 하시더라고요. 그리고 '학부모들이 교육받을 수 있는 국가 차원의 시스템을 마련해줬으면 좋겠다'. 교사 공무원들 같은 경우는 1시간이나 하루 정도는 공가(公暇) 형태로 써서 나갈 수 있거든요. 그런 것처럼 '일반 사업장에서도 아이들 교육 문제가 있으면 국가 차원에서라도 학부모들한테 충분한 그런 시간을 보장해야 되는 거 아니냐. 그런 것들이 돼야 학부모들과 관계가 넓어지는데 안되고 있다'는 말씀이죠. 이런 문제에 대한 고민도 필요한 것 같아요.

김승환 내가 학부모들에게 학습 기회를 굉장히 많이 제공했잖아요. 처음부터 그걸 목표로 삼았으니까요. 학부모들이 진정한 의미에서 똑똑해질수록 교사가 아이를 가르치기가 쉬워져요. 협력해주고 역지사지(易地思之) 하는 힘도 커지고요. 굉장히 많이 했어요. 처음에는 관심이 낮다가 점차 입소문이 나면서 참여자가 늘기 시작했죠. 그리고 거기서 끝내는 것이 아니고 교육장 공모제에 학부모가 들어오고 평교사가 들어오고 장학사가 들어오고 교장도 들어오고 이렇게 된 거죠.

장관호 그렇죠. 교사 학부모가 교육의 주체로서 그 권리와 권한을 행사할 수 있도록 세워보면서 소통하고 공고해지면 되는 거니까. 그런데 학부모들이 교육 프로그램에 법적으로 참여할 수 있을까요? 학부모들이 시간을 내서 교육을 받을 수 있는….

김승환 할 수 있죠. 가장 확실한 건 법률을 만드는 것이고, 시행령을 따르면 되는 거잖아요. 예를 들어 '자녀 학습 휴가'와 같은 정책을 만드는 거죠. '오늘 내 아이가 학교에서 일이 있는데 가야 되겠습니다' 그러면 아무런 불이익 없이 가도록 하는 겁니다. 그걸 1년 동안 몇 시간까지 사용할 수 있도록요. 그리고 그건 굉장히 중요한 정책이 될 수 있다고 봅니다.

장관호 한 명의 아이가 소중한 시대이고, 그 한 명을 키우는 데 온 마을이 나서야 하는 시대라면, 말로만 하지 말고 당연히 아이들 교육에 참여할 수 있도록 보장해줘야죠. 더 나아가 전 국민이 학습 휴가를 사용할 수 있도록 하는 방안도 고려할 필요가 있을 것 같습니다.

김승환 예, 백 퍼센트 공감합니다. 그 말씀하시니까 갑자기 떠오르네요. 노무현 대통령 때인데, 문화체육관광부에 볼 일이 있어서 갔는데, 그때 예술 문화 정책 이런 걸 물어보더라고요. 거기서 제가 한 가지 제안을 했어요. 우리나라에 예술 문화 활동하는 사람이 굉장히 많다. 그런데 문제는 국가와 사회가 이 분들을 안지 못한다. 권력자들은 늘 자기 입에서 예술 중요하다, 문화가 중요하다 이런 말만 할 뿐이고. 그래서 제가 국민들이 영화관이나 공연장에 갔다 온 경우 입장료에 해당하는 금액을 되돌려 주도록 하자라고 제안했어요. 매우 좋은 의견이라고 하더라고요. 그래서 바로 시행될 줄 알았는데, 무산됐던 기억이 나네요

장관호 문화 예술 바우처 처럼 우리 아이들한테 문화 예술적 체험을 주고 또 문화예술인들의 기반도 조성해 주려면 교육청 차원에서 고민을 한번 해볼 필요도 있는 것 같습니다. 국가가 아니라도 할 수 있죠. 도 교육청 차원에서도 할 수 있어요. 문화 예술 상품권 형태로 제공해서 공연이나 예술 관람을 스스로 할 수 있도록 하면 되지요.

국가 위기를 극복한 예술의 힘

김승환 유럽의 경우에는 인구 30만 정도 밖에 안 되는 작은 도시에서도 극장에서 오페라 뮤지컬 공연을 하면 절반 이상의 관객이 들어찹니다. 매일 공연을 하는데도요. 코로나19가 2019년 시작됐잖아요. 그런데 세계에서 공공의료 체계가 가장 강하다고 소문난 이탈리아가 일거에 무너져버렸단 말이죠. 그런데 그걸 극복하는 힘이 예술의 힘이었다고 하더라고요. 그럼 예술의 힘을 어떻게 구체화했느냐. 예술 노동자들 중 실직한 사람들 있잖아요. 그분들에게 기본급을 주더라고요. 예술 노동자들에게 기본급을 주고 그 다음에 다주택 거주지를 알선하는 거예요. 그 사람들은 이웃집 누가 생일이라고 하면 소규모 악단을 구성해 연주를 하죠. 음악을 연주하며 동네를 돌면 이웃집들이 모두 문을 열고 축하해주잖아요.

장관호   영화에서 본 모습이 연상됩니다.

김승환   그렇게 공연을 하는 거예요. 그래서 거기서 감동이 싹트는 거죠. 어려운 시기에 그런 예술의 힘으로 이겨냈다고 하더라고요.

장관호   그러게요. 방금 말씀하신 것처럼 아이들한테 문화 바우처를 제공하게 되면 부모님이 함께 가게 돼요. 그러면 그것으로 부모님도 일상의 쉼이 되고 아이들도 뭔가 뿌듯한 과정이 되니까 상승 효과로 부모님의 스트레스도 해소되면서 아이들의 성장에도 도움이 될 것 같아요.

김승환   근데 나는 이제 거기서 체크하는 게 있어요. 아이들 반응이죠. 아이들이 '야 세상 사는 거 재밌네.' 그러면 더없이 좋죠.

장관호   더없이 좋죠. 마치 그런 분위기처럼 저한테는 가장 좋았던 시기가 역시나 혁신학교였던 것 같습니다. 제가 교무부장 한 6년 했는데 혁신학교에서 5년을 했어요. 밤 9시까지 선생님들과 토론하고 실행하면서 육체적으로는 힘든 시간을 보냈습니다. 하지만 그때 느꼈던 것들이 있습니다. 몸과 마음이 힘든 데도 뿌듯함이 있고 거기서 받는 피드백, 아이들의 반응 그리고 학부모의 반응 자체가 자부심을 던져주니까 이게 힘이 되더라는 거죠. 청호중학교에서 가장 중심에 뒀던 것은 민주적 학교 운영이었어요. '이걸 먼저 한 다음에 수업이든 생활 교육으로 들어가자. 민주적 학교 운영이 돼야 교사들이 자각하고 주체성을 발휘할 수 있을 거다'고 선생님들과 이야기했어요. 수업 혁신이나 생활 교육을 안 했던 건 아닌데 중심을 민주적 학교 운영에 두었었습니다.

김승환   혁신학교는 획일적인 교육시스템에서 벗어나 창의적이고 주도적인 학습 능력을 키우는 데 초점을 두고 실시되는 것이죠. 선생님들이 열정적으로 시간을 보내셨을 것 같습니다.

장관호   네. 그래서 이런 운영 시스템을 갖다 보니까 너무 좋아했죠. 그런데 선생님들이 헌신하고 열심히 해서 아이들한테 도움이 되는 건 좋은데, 과연 이걸 일반화시킬 수 있느냐, 이런 비판이 있었어요. 교사들의 헌신에만 의지해서 학교를 변화시키는 것에는 한계가 있다는 것이죠. 설상가상으로 지금은 교육청 차원에서 잘 지원도 되지 않으면서 거의 혁신학교가 점점 무너지고 있지 않나 생각됩니다. 혁신학교가 유·초·중등 교육에서 새로운 바람으로 희망을 줬던 정책인데 왜 이렇게 지속이 어려울까 하는 고민이 있습니다.

김승환 그게요. 지금 전국에 거의 공통적인 일인데, 혁신 교육 12년 동안은요, 전국 여러 지역에서 교사의 아이 바라보기가 싹 텄어요. 근데 어느 순간에 확 바뀌면서 교사의 교육감 바라보기가 퍼지고 있더라고요. 정작 내가 바라볼 곳은 안 바라보고, 할 것은 안 하면서 변해버린 거죠.

장관호 교육감 바라보기라는 것이 구체적으로 어떤 의미일까요?

김승환 교사가 아이들에게 신경써야 될 그 시간을 교육감에게 신경 쓰는 일에 뺏겨버린다는 의미예요. 내가 2022년 마지막 간부회의 자리에서 그런 말을 했어요. "교원이든 지방 공무원이든 직업 공무원 신분은 대통령이나 장관, 교육감이 보장해 주는 것이 아니라 이 나라의 헌법과 법률이 보장해 주는 겁니다. 그 정당한 사유 없이, 법률의 근거 없이 교사에게 어떠한 불이익도 줄 수 없는 겁니다. 당당하셔야 됩니다." 그랬어요.

장관호 하지만 현실적으로 교사들이 교육 현장에서 당당히 생활하기는 어려운 측면이 있는 것 같습니다. 우리는 언제 그럴 수 있을까요?

김승환 당연히 되겠죠. 12·3 비상계엄과 내란 사태를 한번 보세요. 1980년 5·18 광주의 계엄 사태, 그때의 군인이나 경찰과 다르죠? 군인들이 시키는 대로 안 했잖아요. 그거 뭡니까? 노동법적으로 이야기하면 사보타지한 거 아니에요? 태업한 거 아니에요? 그렇죠? 놀라운 변화입니다. 전북에서 진행한 '종단연구'에서도 혁신학교의 영향력이 드러납니다. 전북에서 고등학교 졸업하고 나서 대학에 다니고 있는 애들과도 만나는 경우가 있거든요. "야 너네들 저기 대학 갔더니 어떠냐?" 그랬더니 다 거의 똑같은 말이 말을 해요. "애들이 이상해요." "뭐가 이상해?" "아니 대학교 1학년 2학년 되는 애들이 무슨 일을 자기가 결정도 못해요. 자기 일을 자꾸자꾸 물어봐요."

아이들은 시행착오가 성장판이다

장관호 저도 마찬가지로 혁신학교의 명맥이 끊어진 건 아니라고 생각해요. 이제 혁신학교가 정반합의 원리로 다시 한번 더 새롭게 시대에 맞게 한 단계 또 전진해서 나오지 않겠는가 생각합니다.

김승환 만약 그게 '반(反)'이 없잖아요. 안티테제가 없잖아요? 그러면 인간이 게을러져요. 게을러지고 멍청해지고 그렇거든요. 그래서 그것이 또 다른 도약을 위한 자극이거든요.

장관호 저희들 같은 경우는 혁신학교 하면서 가장 컸던 고민이 아까 말한 것처럼 교육과정상 여백, 학교에 여백이 없다는 것이었어요. 그러니까 혁신학교는 우선 헌신적인 선생님들이 와서 먼저 움직일 테지만 이걸 일반화시키려면 교육과정 내에서 흡수돼야 된다, 교육과정에 여백이 있으면서 그 여백에서 아이들 중심으로 교육 활동 환경을 바꾸면 혁신학교 이야기들이 훨씬 더 풍부하고 일반화되면서 전파되지 않겠냐? 그래서 다시 한 번 반(反)에서 합(合)으로 갈 수 있도록 만들어주지 않겠냐? 라고 생각합니다.

그래서 연결이 되는 이야긴데 교육감님이 12년 동안 선장의 방향타를 '학교 민주주의, 학교 자치'로 잡았다고 하셨는데, 그 이야기를 듣고 싶습니다.

김승환 아까 이야기했잖아요. 인간은 태어날 때 본질적으로 자율성과 자유를 갖고 있다고요. 그리고 인간 존재 자체가 사실은 어려서부터 누가 시키는 거 따라 하는 거 되게 싫어해요. '내가 할 건데 왜 이렇게 자꾸 시켜?' 이런 것이거든요. 그리고 아이들 삶에서 정말 중요한 가치를 가지는 것이 시행착오예요. 아이들은 시행착오를 겪으면서 성장을 하는 거죠.

장관호　실패가 곧 성장판이 되는 셈이죠.

김승환　아까 처음에 이런 말을 했죠. 성장의 삶은 유치원 때부터 죽을 때까지 가는 거다. 무덤까지 가는 거다. 그 전형적인 사례가 핀란드잖아요. 거기 유명한 게 노키아인데요. 핀란드는 1년에 한 번씩 실패의 날이 있거든요. 그래서 실패한 사람들이 거기에서 말을 하는 거예요. 그때 맨 처음에 그 실패 사례를 맡은 대표 주자가 노키아 회장이었다니까요. '나는 이렇게 실패했습니다.'

장관호　실패한 날이라니 멋지네요. 당당하게 실패한다는 의미인 것 같아요.

김승환　그것에 대해서 내가 응용한 용어가 있어요. '프리덤 투 페일(freedom to fail)', '실패할 자유'. 실패할 자유를 가장 제대로 누린 과학자가 누군지 아시죠? 에디슨요.

장관호　우리는 대개 실패하면 '넌 이것도 못 하냐?' 그러는데..

김승환　그래서 지금 핵심이 그거예요. 우리가 아무리 이렇게 노력을 한다고 하더라도 어디서 막히냐. 대입 제도예요. 그러니까 대입제도를 깨야 된다 이거예요. 그래서 수능도 모두 버려야 하고, 그리고 헌법이 명시하고 있잖아요. 대학의 자율성은 법률 안에 보장된다고. 그리고 내가 교육부 장관에게 그랬어요. "대학 그냥 손 놔요. 왜 그러세요? 대학을 왜 이렇게 잡고 있어요?". 그러면 부실화될까봐 그런다고 해요. 아니 이게 무너질 때 되면 무너지는 거야. 왜 국가가 그걸 붙잡고 있느냐고요.

장관호　저는 그래서 유·초·중등 교육이 대학 종속 교육으로 된 상태가 말이 안 되는 것이라고 생각합니다. 당장 아이들은 수업이 끝나기 무섭게 "선생님 학원 가요. 바빠요" 하고 곧장 가버려요.

김승환　아까 책에 대해서 이야기했죠. 책은 내 분신이거든. 그래서 책을 함부로 못 버리는 거예요. 그런데 우리나라에서 어떤 일이 벌어집니까? 수능 끝나고 나면 바로 학교에 트럭 들어가죠. 세계 어느 나라에 이런 나라가 있냐고. 왜 그러겠어요? 쓸모없다 이거지. 아니 그 긴 세월 그렇게 온갖 땀을 쏟았던 그 교과서가 필요가 없다고? 그럼 뭘 했냐 이거예요. 그동안에.

장관호　제 경험에도 그렇고, 대학 입시를 본 사람 대부분이 입시 제도가 문제 있다라고 이야기하는데 입시개혁이 모양이나 색깔만 바꿀 뿐, 제도의 본질 문제는 건드리지도 못하니까 계속 유·초·중등 교육이 대입제도에 종속된 형태로 가고 있는 거잖아요.

김승환　교육 정책에 관한 여론 형성, 정책 주도권이 다 기득권 세력에 가 있는 거예요. 교육에 대해서는 우리나라에서 교육 기득권 세력이 한 번도 바뀐 적이 없어요. 정권은 바뀌었지만 교육 기득권은 안 바뀌었어요. 어느 정권이 들어서건 모든 대통령이 교육 기득권 쪽으로 서버렸다고요.

콘크리트 문화에서 안되는 것들

장관호　한국 사회가 입시제도를 왜 이렇게 계속 못 고치고 있는 거죠? 다른 건 다 시대의 흐름에 맞춰 개선해나가고 있는데 말이죠.

김승환　기득권을 더욱 공고히 하는 거죠.

장관호　대학이라는 서열 체제를 그대로 유지할 수 있는 통로를 계속 고수하겠다는 의미가 되는 건가요?

김승환　예를 들어 이제 특정 지역 같은 경우는 그 기득권을 계속 유지하면서 갈 수 있는 그런 거죠. 그런 거 기득권이에요. 다른 걸로 설명이 안 돼요. 교육 패권.

장관호 그런데 우리 전남과 같은 변방에 있는 학교들의 경우도 아이들 대부분은 '인서울'을 목표로 하고 있잖아요? 저희들도 답답한 건 옛날부터 '사람은 큰 물에서 놀아야 된다' 는 말의 연장선상에 있는 '인서울' 논리 앞에 답변이 참 궁색하다는 거예요. 학부모들도 '인성 교육을 중심으로 해야 된다'라고 하지만 정작 또 현실에 조금만 더 가게 되면 입시 준비를 할 수밖에 없는 구조고….

김승환 도시 문화와 시골 문화 이야기했잖아요. 남원의 대표적인 화가 김병종씨라고 있어요. 서울대 미술학과 교수 출신이거든요. 근데 남원에 김병종 기념미술관이 있어요. 그분이 강의할 때 이런 말을 하더라고요. '내가 이렇게 화가로서 성장할 수 있었던 것은 내가 지리산자락에서 자랐기 때문이다. 지리산 자락에서 성장하면서 그곳의 정서를 품고 있었기에 내가 그림을 그릴 수 있는 거다.' 콘크리트 문화에서는 안 된다는 것이지요. 이 자연이 주는 혜택이 얼마나 좋은가요?

장관호 전남의 장점이 있는 거죠. 공동체성이 다른 데보다 훨씬 더 강하게 남아 있고 자연과 친화적이고, 조금만 나가면 들과 산이 보이고 강이 보이는 거여서 아이들이 정서적으로 잘 성장할 수 있을 것입니다. 반면 전남에 있는 교사로서의 고민은 그래도 당장 '인서울' 논리 앞에서는 무색해진다는 것이에요.

김승환 대학을 졸업하면 학생들이 자기 일자리는 스스로 확보해야 되잖아요. 그래서 노무현 대통령 때 했던 것이 지역 혁신, 그게 공공기관 지방 이전을 한 거잖아요. 그래서 그걸 잘 활용하라고 그랬어요. 그 지역에서 대학만 나오면 안 되고 유·초·중·고까지 나온 학생들이 많이 취직할 수 있도록 아예 제도적으로 해버려라, 이걸 제안했죠. 그러면 뭐 하러 굳이 서울로 올라가겠느냐.

장관호 네. 대학 진학은 결국 고용 구조 문제와 결부될 수밖에 없는 겁니다.

김승환 지역에서 자라서 지역에서 계속 일터를 잡고 사는 그런 숫자가 많아지면 많아질수

장관호　지금 우리나라 50% 이상이 서울을 중심으로 해서 인구 구성이 돼 있는 조건이다 보니 너무 기형적이잖아요. 이렇게 문화나 산업이 수도권에 집중돼 버리면 되겠냐고요. 더군다나 농어촌의 경우 갈수록 청년인구와 신생아 수가 줄고 있는 게 현실이잖아요. 일부 지역의 경우 인구소멸까지 거론되고 있으니 자연스럽게 학생들의 시선은 '인서울'로 향할 수밖에요.

결국 핵심은 사람이다

김승환　서울대가 싱가포르 대학보다 못 해요. 어디 가서 써먹지를 못하잖아요. 중국은 이미 오래전부터 정착이 됐어요. 누가 자기 회사에 지원해요. 이력서를 보면 거기에 '하버드 대학 졸업' 이렇게 돼 있잖아요. 그러면 '그래서 당신이 우리 회사를 위해서 할 수 있는 게 뭔데?' 이렇게 물어본다는 거예요. 학벌이 중요한 게 아니고 우리 회사에 들어와서 할 수 있는 게 뭐냐를 평가한다는 거지요. 우리와는 완전히 달라요.

장관호　이제 AI가 확산되면 더 그럴 텐데요. 그럼 현재의 대학 체제는 어떻게 해야 됩니까?

김승환　약 30년 40년 전부터요, 대기업이 어떻게 바뀐 지 아세요? 기존의 도식을 완전히 깨버렸어요. 한 대기업은 신입사원의 출신 대학 10위 안에 들어가는 대학이 광운대학이에요. 사람들이 그것을 잘 모르죠. 그럼 왜 속칭 서울의 좋은 대학 졸업생을 안 쓰냐? 똑같이 들어와서 일할 때 보면 시키는 일만 잘한다. 도전할 줄도 모르고 그런다는 거죠. 요즘 세계가 완전히 바뀌었어요.

장관호　어쨌든 현재의 대학 입시 체제나 대학 사회 체제를 갖고서는 지역 성장은 물론이고 교육의 올바른 성장이나 발전도 쉽지는 않을 것이라고 보시는군요.

김승환	제도를 바꿔야 한다고 했잖아요. 취직 시험 코스 있잖아요. 그걸로 바꿔버리고 그 다음에 대한민국 전체를 관장하는 중요한 기관들이 지방으로 이전해 버리고….
장관호	그런 역할을 저는 시도교육감 협의회나 국가교육위원회가 장기적 과제로 제기해야된다는 생각을 해봅니다. 어쨌든 시스템상으로 본다면 교육부가 할 수 있는 일은 아닌 것 같아요.
김승환	예 그렇죠. 그리고 내가 시스템을 계속 강조하는데 결국 핵심은 뭐냐. 핵심은 사람이에요. 사람이 제대로 철학과 의지를 갖고 있으면요, 시스템이 조금 부족하다 해도 돌파해요. 근데 그 의식과 철학이 제대로 되지 않은 사람은 아무리 시스템을 마련해줘도 못해요.
장관호	그래서 유·초·중등 교육에 임하는 교육자들이 마음 편하게 신경 안 쓰고 원래 교육의 목표대로 일할 수 있는 시스템을 갖추는 것이 중요할 것 같습니다. 아이들이 일반적 성장 목표를 가지고 자기 삶을 챙길 수 있고 또 주체적으로 나설 수 있고, 아까 이야기하신 대로 자유롭고 자율성 있는 사항을 스스로 판단하고 결정할 수 있도록 이런 시스템이 갖춰져야 한다는 것이죠. 이를 위해서는 유·초·중등 교육이 먼저 시스템을 갖추고 그러고 나서 대학에서 전문적 역량을 갖출 수 있도록 해야 할 것 같습니다.
김승환	그렇죠. 그런데 우선은 말입니다. 유·초·중·고까지만 우리가 바라고 있는 그런 교육 환경이 만들어지잖아요. 그러면 그게 상당히 위력이 있어요. 이게 왜 그러냐면 지금 베이스먼트가 일단 구축되면 그 위는 그냥 무너지는 거예요.

유·초·중등 교육이 먼저 안정돼야

장관호   그래서 학교가 우리 사회의 보루, 가장 빛나는 곳 이렇게 되어야 하는데 그러려면 당장 우리가 해결해야 될 것들이 있지 않겠냐는 생각이 들거든요. 아까 이야기하셨던 입시 제도 문제부터 시작해서….

김승환   그렇지만 그걸 워낙 우리가 많이 주장해서 결국에는 기존 틀이 무너질 거예요. 여름에 내리는 소나기 한 번에 다 쓸려 내려가는 건 아니거든요. 이미 다 이렇게 땅속으로 지금 이렇게 스며들어 있거든요. 얘가 어느 순간이 되면 이렇게 치고 올라온단 말이에요. 그 당시에 쏟았던 그런 에너지들이 결코 유실됐다고 보지는 않는다, 자기 때를 기다리고 있을 거다 이렇게 보는 거죠. 그리고 분명히 그때는 온다.

장관호   12·3 사태에서 보여준 청소년들의 응원봉처럼 말씀이시죠?

김승환   네네 그렇죠. 앞에서도 이야기했지만, 이번 탄핵 정국에서 아무도 예상하지 못했던 거죠. MZ 세대가 광장으로 나와 결집한다는 것을. 아마 기득권 세력도 상당히 긴장할 거예요. '이제 우리가 가지고 있던 것들을 유지하는 것이 만만치 않겠다'라는 생각을 하게 되는 것이고요. 그게 혁명이라니까요.

장관호   정말 '응원봉 혁명'이라고 해도 될 것 같아요.

김승환   역사를 책과 교과서로만 배우는 것이 아니라 내 삶의 현장에서 배우는 거잖아요. 그래서 12월 2일까지는 그냥 몰랐단 말이야. 옛날에 광주에서 5·18이 있었다고 했어. 5.18 그때 사람들이 많이 죽었다고 그러던데.. 거기까지예요. 그런데 그런 인식은 관념적인 인식이에요. 다 타자의 문제고. 그런데 대한민국 한복판인 서울에서 딱 터지니까 자기 눈앞에서 실시간으로 봤단 말이에요. 1980년 5·18 광주, 그때는 없었잖아요. 1인 미디어도 없고 스마트폰도 없었잖아요. 다 막혀버렸잖아요. 지금은 다 열려 있으니까 그 순간 청년들이…. 1980년이 2024년과 겹친 거죠. 그게 먼 옛날이 아니었구나. 그게 과거가 아니었구나.

장관호   절묘했던 것 같아요. 그 시기적으로 본다면. 영화 '서울의 봄', 그다음 우리 한강 작가의 '소년이 온다', 이 분위기가 확 올라올 때 계엄 발표가 됐잖아요.

김승환   한 인간이 성장하는 동안 어느 순간에, 나도 모르는 사이에 이런 에너지가 나한테 모이는 게 있잖아요. 국가도 마찬가지고. 그런 에너지가 모인 거예요. 근데 가슴 아픈 것은 그런 에너지가 이렇게 응집될 때까지는 너무나 많은 희생이 있었다는 것. 그거죠.

교사가 살아야 교육이 산다

장관호   어쨌든 교육감님이 판단하시는 것에 저도 전적으로 동의합니다. 우리 안에는 역량이 있다. 혁신학교 역량도 있고 진보 교육감 12년의 역량이 분명히 있을 것이다. 그리고 그 역량은 하나의 틈이 열리면 또다시 폭발처럼 열려 나올 것이고 그런 것이 이제 교육의 희망이 되고요.

김승환   네네. 그렇습니다.

장관호   오늘 많은 이야기를 한 것 같습니다. 유·초·중등 문제부터 대학 입시 문제, 대학 체제 개편까지요.

김승환   그래도 내가 늘 강조하고 싶은 것은 한 나라 교육에서 핵심적으로 중요한 존재가 누군가? 아이를 기본 전제로 하고, 그 다음은 교사다. 교사가 살아야 교육이 산다는 것입니다. 그 나라 교육의 자존감은 교사의 자존감을 살리는 길이 중요하다. 교사는 자기 삶에 대한 만족을 넘어서서 찌릿찌릿한 전율을 많이 느껴야 합니다. 그러기 위해서는 뭐가 필요하냐. 교사들이 기댈 곳이 있어야 합니다. 그러면 교사가 가장 안심하고 조금도 부끄러움을 느끼지 않고 교육에 전념할 수 있어요. 짧은 연차의 교사가 많은 연차의 교사에게 기댈 수 있는 거잖아요. 그런 거죠. 그리고 거기에서 우리가 말하는 게젤샤프트(Gesellschaft 이익사회)가 아니라 게마인샤프트(Gemeinschaft 공동사회), 이게 가능한 거죠.

장관호 저는 그동안 여러 지도자들, 정치인들, 교육학자들을 많이 뵀는데 교육감님처럼 교사에 대한 믿음이 절대적으로 있는 분은 처음 뵀어요. '교사가 잘못이다. 교사가 잘해야 된다' 이런 말을 자주 듣는데, '교육의 핵심은 교사다. 그래서 이 교사들의 자존감을 높여줘야 된다. 자긍심을 높여주고 이들이 기댈 수 있는 언덕을 만들어 줘야 된다'는 말은 별로 들어본 적이 없어요. 하지만 저도 여기에 전적으로 동의하거든요. 현장 교사로서도 그렇고 교육이 바뀌려면 교사의 마음을 움직일 수 있어야 된다고 생각합니다. 모든 교육 정책 앞에 아이들을 보듬고 함께 갈 교사들이 그 마음만 열어놓게 되면 교육은 훨씬 더 좋아질 거다. 이렇게 생각을 합니다.

김승환 그럼요. 그리고 교사 스스로는 그걸 잘 못 느낄 수도 있겠지만 우리 사회에 대통령을 위시한 모든 직업군을 한번 보십시오. 사람을 남기는 직업이 어디 있습니까?

장관호 그게 이제 우리의 꿈이죠.

김승환 사람이 사람을 남기는 교육, 그거예요. 얼마나 보람차겠어요. 그 혜택이 어디에 있냐면, 내 아이들이 "아빠!" 하고 부르면서 막 품으로 달려드는 것과 같이 제자들을 보면 그렇게 좋은 거예요.

장관호 교사에 대한 자존감, 자부심, 또 그 교사가 지탱하고 기댈 수 있는 언덕들을 만들어야 된다. 그리고 결국 '교사에게는 사람이 남는다'는 말씀이 너무 멋집니다. 교육감님 오늘 바쁜 시간 내주셔서 너무 감사합니다.(웃음)

김승환 저도 뜻깊은 시간이었습니다. 고맙습니다.(웃음)

한국 교육의
길을 묻다

한만중

전국시도교육감 정책연구위원(2015), 서울시교육감 정책보좌관(2016~2017)을 지냈으며 현재는 전국교육자치혁신회의 정책위원장 역할을 하고 있다.

장관호 선생님과 한만중 전 서울시교육청 정책기획관(오른쪽)이 대전의 '대안모임 공간 국보'에서 대담을 나누고 있다.

장관호 "교육이 나아갈 길을 고민하는 것은 단순히 교실과 학교를 바꾸는 문제가 아닙니다. 그것은 우리의 미래를 설계하는 일입니다." 서울교육청에서 정책기획관이었고, 교육운동의 선배이자 동지인 한만중선생님과 한국 교육의 본질과 방향성에 대해 이야기하고자 합니다. 현재 우리 사회는 정치적, 사회적 변동이 극심한 상황에 놓여 있습니다. 현재 윤석열 탄핵이 진행되고 구속된 상황에서 우리가 주목해야 하는 것은 무엇일까요?

한만중 한국 사회는 절차적 민주주의가 어느 정도 공고화되었다는 국내외 평가를 받아왔지만, 대통령의 계엄과 촛불집회, 탄핵과 체포, 구속과 법원 난동 등은 이를 무색하게 만들었습니다. 이런 일이 더 이상 반복하지 않도록 우리사회 전반을 점검하고 개선할 필요가 있습니다. 또한, 상식적으로 동의하기 어려운 쿠데타가 발생했음에도 이를 지지하는 세력들이 존재하는 이유는 무엇인지 분석해야 합니다.

장관호 윤석열 탄핵 정국에서 눈에 띄었던 점 중 하나는 바로 응원봉의 등장입니다. 교육자의 입장에서 보면, 20~30대 여성 중심의 응원봉 부대가 탄핵 절차를 지지하며 활발히 활동한 모습은 매우 독특하고 새로운 현상이었습니다. 교육적으로 보면 이 현상은 많은 고민을 불러일으킵니다. 이 세대는 세월호 참사, 이태원 참사, 그리고 탄핵 정국과 같은 사건들을 겪으며 성장해 왔습니다. 특히 이 시기는 한국 교육이 신자유주의 정책이 본격적으로 유입되는 전환점이기도 했습니다. 그런 어려운 환경 속에서도 이 세대는 민주주의의 가치를 내면화하며, 절차적 민주주의를 위배하는 대통령에 맞서 탄핵 절차에 앞장섰습니다. 이는 매우 인상적이고, 교육적으로도 깊은 성찰을 요구하는 지점이라고 생각합니다.

한만중 네. 이번에 드러난 20~30대의 민주주의적 요구는 단순히 일시적인 현상이 아니라, 한국 사회의 지속 가능한 발전을 위한 중요한 동력으로 기능할 가능성이 크다고 생각합니다. 단선적으로 평가하기에는 상당히 복합성을 띠고 있다고 보는데, 그럼에도 불구하고 암울한 시기에 그런 희망적인 모습을 보게 되어서 기뻤습니다.

장관호   저는 12월 14일 국회앞에서 있었던 탄핵 집회에서 20~30대 세대들이 응원봉을 들고 '님을 위한 행진곡'을 부르는 모습을 보고 놀랐습니다. 물어보니, 팬클럽에서 집회 참석 전에 이 노래를 배우라고 했다고 하더군요. 그 후 소녀시대의 '다시 만난 세계'와 로제의 '아파트'를 불렀습니다. 세대 간 공감이 이루어지고, 하나의 목표를 향해 나아가는 것을 느꼈습니다. 저도 그 과정에서 소녀시대의 노래를 알게 되었고, 집회의 분위기도 과거와 달리 민주적 축제처럼 바뀐 점이 인상 깊었습니다. 이제 더 이상 총칼로 민주주의를 후퇴시킬 수 없을 것이라는 느낌을 받았습니다. 한국 사회가 그만큼 성장한 것이겠죠.

한만중   과거 우리 세대는 집단적인 요구와 의지에 맞추는 것을 우선시했으며 개인의 욕구나 창의성은 제한적이었습니다. 이는 한국 사회의 생산성을 높였지만, 개인의 자발성과 창의성은 억제될 수밖에 없었습니다. 하지만 현재 세대는 개인의 욕구와 자발성을 중시하며, 과거의 질서를 벗어난 변화를 추구하고 있습니다. 이 변화를 제도화하고 실현하는 일은 기성세대의 책임이기도 합니다.

장관호   맞습니다. 윤석열의 탄핵 절차가 진행되면서 2025년에는 40여 년 지속되었던 6공화국의 87년 체제를 개혁하자는 개헌요구가 커지고 있습니다. 우리가 헌법을 개정한다면 헌법적 체계 안에서, 한국 교육이 한 걸음 더 전진할 수 있도록 해야 하지 않을까요? 현재 헌법 31조 1항과 2항은 시대착오적이다는 평가를 받지 않습니까?

특히, 제1항 모든 국민은 능력에 따라 균등하게 교육을 받을 권리를 가진다. 이 조항의 '능력에 따라'라는 말이 교육 불평등을 초래하거나 차별을 정당화하는 근거가 될 수 있었습니다. 또한 피교육자의 자율성을 반영하지 못한다는 지적이 있습니다.

한만중   헌법 31조 1항은 제헌헌법의 구절이고 당시 문맹률이 70%에 달했던 시절에 만들어진 것이며, 나머지 조항도 과거 군사정부에서 만들어진 것입니다. 교육의 균등권이 아이들의 꿈과 적성에 따라 학습받을 권리로 바꾸고, 무상교육 조항도 무상교육의 질적인 측면을 보장하도록 구체적으로 바꿔야 할 것입니다.

장관호 헌법 개정 과정에서 사회적 기본권의 개념으로 교육을 검토하고, 교육 헌법의 중요성도 논의되어야 합니다. 교육헌법이 마련되면 교육계의 변화와 체제 개혁을 논의할 기회도 생길 것입니다. 이를 위해 교육계의 하나 된 힘이 필요하다고 생각합니다.

한만중 네. 좋은 의견이라고 생각해요. 저도 동의합니다.

장관호 현재로서는 조기 대선이나 새로운 정부 출범이 불가피할 것으로 보입니다. 이러한 상황 속에서 윤석열 정부의 교육 개혁 과제들이 여전히 주요한 이슈로 남아 있습니다. 유보통합, 늘봄학교, 디지털 기반 교육 혁신, 글로컬30 등 다양한 정책들이 추진되고 있으며, 특히 전남 지역은 교육 발전 특구와 학교 다양화 정책에 따라 신자유주의적 교육 정책이 강하게 적용되고 있는 상황입니다. 이러한 변화는 학교 현장에 차별을 조장하고, 지역 간 불균형을 심화시키는 문제를 야기하고 있습니다. 이러한 신자유주의 교육 정책에 대한 전면적인 평가가 필요하다고 생각합니다.

한만중 탄핵과 조기 대선의 상황을 겪었던 문재인 정부가 인수위 과정 없이 출범하면서 교육정책들이 논의와 합의 과정, 기존 정책을 어떻게 정리할지에 대한 구상이나 전략이 미비한 상태에서 진행되었습니다. 그 후 제도적 개혁을 이루지 않은 상태에서 윤석열 정부가 들어섰고, 정책은 이명박 시절로 회귀해 버렸습니다. 지금 가장 중요한 문제는 유보통합과 늘봄학교와 같은 교육 정책이 아닌가 싶습니다.

장관호 유보통합과 늘봄 정책은 신자유주의적 접근이라기보다는 시대적 과제라고 볼 수 있습니다. 다만, 이러한 과제들이 표준화된 방식으로 추진되는 점과 교육계 내에서 충분한 고민과 논의없이 추진되었다는 문제가 있습니다. 이 정책들이 너무 강제적이고 폭력적인 방식으로 학교에 도입되거나 대중적인 요구로 변하면서, 이를 책임지고 실행할 주체들의 준비 없이 밀어붙이는 방식으로 진행된 것이죠. 그로 한만중 　인한 부담을 교육현장이 감당하지 못하게 되고, 결국 정책이 제대로 구현되지 않으면서 갈등과 혼란이 발생하는 것 같습니다.

한만중 　맞습니다. 교육 분야의 문제는 단순히 욕심을 부려 해결할 수 있는 일이 아니며, 과도하게 드라이브를 걸어도 성과를 내기 어렵습니다. 모두가 질 높은 교육을 받을 수 있도록 하는 방향에서 사회적 합의를 통해 추진되어야 합니다.

장관호 　개별화 교육이든 맞춤형 교육이든 다양성이든 개개인이 가지고 있는 여러 가지 여건과 역량을 감안해서 최적의 교육 기회를 제공한다는 관점이 필요한 것 같습니다. 결국 진보냐 보수냐를 떠나서 아이들의 성장과 관련해서 그 시대의 교육 철학과 방향을 국가 단위에서 또는 교육계 내에서 합의하고 추진할 필요가 있습니다.

한만중 　맞아요, 윤석열정부에서는 이런 것들이 빠져 있는 상황에서 정책 추진이 이뤄지고 있다고 평가할 수 있습니다.

진보 교육감 12년에 대한 평가

장관호 　생각해보면 우리가 주체적으로 나섰던 시점은 2012년인 것 같습니다. 진보 교육감 12년에 대한 평가가 무엇보다 중요하다고 생각합니다.

한만중 　2010년에 당선된 6명의 진보 교육감들이 추진한 정책은 혁신학교 추진과 무상급식을 중심으로 한 보편적 교육 복지, 학생인권 조례 제정을 통한 학생 중심 교육으로 요약될 수 있습니다. 이 정책들의 바탕은 공교육의 기반을 강화하고, 혁신을 통해 사회적 요구와 학교의 역할을 재정립하자는 것이었습니다. 또한, 학교 단위의 실천을 기반으로 학교와 지역사회를 연결하는 혁신교육지구 사업을 통해 마을과 함께하는 형태로 확장하려는 시도는 의미가 있었습니다. 실제로 일정한 성과를 거두었다고 생각합니다.

장관호 진보 교육감의 등장과 혁신학교의 출현은 교사들이 학교 운영의 주체로 나설 수 있는 계기가 되었습니다. 저 역시 혁신학교에서 교무부장으로 일하며, 힘들고 어려운 순간도 많았지만, '이것이 교육이구나'라는 뿌듯함을 처음으로 느꼈던 시기였습니다. 이 과정에서 민주시민교육을 비롯한 다양한 인권 교육, 학생자치의 논의를 다시 시작할 수 있었던 것 같습니다.

그런데 2022년 선거에서 왜 그런 공약들이 중심이 되어 확장적인 모델을 제시하고 지지를 얻지 못했는지 고민해 볼 필요가 있다고 생각합니다. 혁신학교 정책들은 사실상 진보 교육감들에 의해 소극적인 형태로 나타났으며, 고교 무상교육 체제가 도입된 이후 교육 복지는 한 단계 업그레이드되었지만, 그에 따른 새로운 모델이나 전망을 제시하지 못했습니다.

한만중 혁신학교 정책은 일종의 프런티어 전략으로, 새로운 모델을 만들어 이를 일반화하려는 시도입니다. 하지만 이 '일반화'라는 과정이 어떤 단계를 거쳐 진행될지, 그리고 다양한 변수가 존재하는 상황에서 혁신학교 정책이 일반화까지 어떤 경로를 밟아야 하는지에 대한 명확한 설계나 평가가 부족했던 것 같습니다. 이 때문에 현재 정책이 방향성을 잃고 헤매는 것처럼 보이는 측면도 있습니다.

그러나 최근 교육계는 교권 문제, 학생 인권, 학부모 민원 등으로 몸살을 앓고 있으며, 이를 해결할 모델은 여전히 혁신학교에서 찾을 수 있다고 봅니다.

장관호 정리해보면 진보교육감 12년의 과정에서 무상급식을 통한 보편적 교육복지의 실현, 혁신학교를 통한 초·중등 교육의 새로운 전환점 마련, 학생 인권 중심의 민주시민 교육을 통한 인권 의식 성장 등의 성과가 있었다고 평가할 수 있습니다. 이러한 성과들은 이후에도 시대적 요구와 지역 특색에 맞게 변화·발전시켜야 할 지속적인 과제가 될 것입니다.

하지만 이러한 성과들만으로 교육 문제가 모두 해결되었다고 보기는 어렵다고 생각합니다. 고용 구조 문제와 대학 입시 체제의 문제 등 보다 근본적인 사회적 이슈들이 여전히 남아있습니다. 이 문제들은 교육감들이 공동으로 대응해야 할 전략적 과제이며, 이를 위해 사회 연대 전략이 필요할 것입니다.

한만중 교육 거버넌스는 직선제 도입과 함께 교육 자치가 부활하고 일정한 역량과 네트워크 체계를 갖추게 되었습니다. 진보교육감들은 기본적으로 교육개혁과 사회개혁이 같이 가야 한다는 인식 속에서 대학 입시와 관련한 연구도 진행하고, 생태 전환 교육과 놀이 중심 선언 등의 시도를 하였지만 교육자치 역량을 바탕으로 교육 구성원과 대중들의 힘을 기반으로 추진하지 못한 측면이 있어 이벤트로 끝나버린 감이 있습니다.

장관호 국가 교육 정책과 관련해서는 국가교육위원회가 제 역할을 해야 하고, 현장과 가장 밀접한 시도교육감협의회가 안정적인 역량들을 구축해서 사회 개혁과 교육 개혁의 내용에 발맞춰 갈 수 있어야 한다는 것으로 이해됩니다.

한편, 저는 학교가 숨 쉴 수 있는 공간이 돼야 한다고 생각합니다. 입시의 영향을 덜 받는 초·중학교도 숨 쉴 틈을 주지 않고 교육과정이 운영됩니다. 이런 여건에서 혁신학교가 일반화되기가 어려웠다고 봅니다. 학교현장에서 교육과정 운영의 자율성은 얼마나 보장되는지 검토해 볼 필요가 있는 것 같습니다.

한만중 그 문제도 마찬가지입니다. 교육 목표를 합의한 상태에서 교육과정을 자율적으로 운영하기 위해 교육부랑 교육감들이 서로 조정하면 될 문제이고 충분히 가능한 것이라고 생각합니다.

장관호 추가로 지금 시대에 대한 진단을 해보고 싶습니다. 지금 불평등, 저출생, 지역 소멸, 기후위기 등의 '복합위기' 속에서 첨단기술과 인공지능으로 급변하는 시대에 살고 있습니다. 최근 유네스코에서 인류가 당면한 문제 앞에서 미래에 대한 그림을 다시 그려야 한다며 '교육을 위한 새로운 사회계약을 맺어야 한다'는 보고서가 발간되었습니다. 어렵지만 교육은 공공재가 아니라 공동재로 나아가야 한다고 했습니다.

한만중   공공재(公共財)라면 누구에게나 동일하게 제공되고 적용되어야 한다는 것이고, 공동재(公同財)라면 모두에게 개방되고 공유되는 개념으로 전 사회적으로 함께 만들어나간다는 의미일 것입니다.

장관호   맞습니다. 교육이 사적 재원을 투자해서 사적 이익을 추구하는 것이 아닌 공동의 연대의식을 가지고 공동의 목표를 구축하고 함께 선택하고 함께 성취하여 공유하는 것을 말하는 것이라 봅니다. 쉬운 일이 아니지만 가야 할 길이므로 교육을 위한 사회계약을 맺어야 한다고 했을 것입니다.

한만중   대통령이 탄핵되고 민주주의가 파괴되어 상상도 할 수 없는 일들이 발생하는 지금 시점에서 현 사회시스템을 성찰하고 바로잡아야 하는 시기에 유네스코 2050 보고서는 많은 시사점을 주고 있다고 생각합니다.

장관호   한국 사회는 교육의 평등에 대한 욕구가 매우 강한 특징을 보여 왔습니다. 이는 교육을 사회적 계층 이동의 수단으로 여겨왔기 때문입니다. 그러나 역설적으로, 교육을 평등을 강화하기보다 오히려 불평등을 심화시키는 방향으로 진행되어 오늘날의 상황을 만들어냈습니다. 다행히도, 최근에는 경쟁 교육에서 협력 교육으로 전환해야 한다는 사회적 공감대가 어느 정도 형성되어 있다고 생각합니다.

한만중   맞습니다. 우리의 대학입시제도는 단순히 시험방식의 문제가 아닌 대학 체제와 고용 불평등과 밀접하게 연결되어 있습니다. 그렇기 때문에 입시 제도 개선은 그 자체만으로 해결할 수 없는 문제이며, 사회적 합의를 통해 장기적이고 종합적인 접근을 통해 해결해야 할 것입니다.

장관호   고용구조는 사회적 연대 전략을 통해 사회 개혁 과제로 해결해야 하고 입시제도도 그 일환으로 해결해 나가야 한다는데 전적으로 동의합니다. 마지막으로 차기 정부가 새롭게 출범하면서 가장 중요하게 살펴야 할 정책 방향이 있다면 무엇일까요?

한만중   차기 정부는 임기 내에 해결해야 할 과제와 한국 사회가 중장기적으로 해결해야 할 과제를 구별하여, 국가교육위원회와 연계하는 전략을 마련해야 한다고 봅니다. 이러한 작업을 진행하면서, 출발선 평등부터 평생교육까지 생애별, 단계별 과제들이 도출될 것이고, 이를 구현하기 위한 거버넌스 체계도 구축해야 합니다. 이 과정에서 자연스럽게 학제 개편 논의까지 이어질 수밖에 없다고 봅니다.

장관호 결국 기본으로 돌아가, 학생, 교사, 학부모, 지역사회의 협력과 연대를 통해 학교에서 '우리가 계속해야 할 것은 무엇인가? 우리가 무엇을 중단해야 할 것인가? 새롭게 만들어야 할 것은 무엇인가?'를 자유롭게 성찰하고 실천할 수 있다면, 복잡하게 얽혀 있는 교육 문제 해결의 계기와 에너지가 만들어질 것입니다.

장시간 동안 깊이 있는 말씀을 나누어 주셔서 진심으로 감사드립니다. 오늘의 논의는 저를 포함한 교육 현장의 많은 사람들에게 큰 통찰과 영감을 주셨다고 생각합니다.

장관호의 전남교육 독립선언

초판 1쇄 2025년 2월 14일

지은이 장관호
펴낸이 김용진
디자인 고선희

펴낸곳 (주)궁리기획
출판등록 제25100-2020-0000024호
주소 광주광역시 서구 화운로 172, 지성빌딩4층
전화 062-366-2200
이메일 gr@gungri.biz
홈페이지 www.gungri.biz

ISBN 979-11-979335-8-5

이 책은 저작권법에 따라 보호받는 저작물이므로 무단전재와 무단복제를 금합니다.
이 책 내용의 전부 또는 일부를 이용하고자 할 경우에는 저작권자와 궁리기획의 동의를 받아야 합니다.
책 가격은 뒷표지에 있습니다.
잘못된 책은 바꾸어 드립니다.